김정은 시대, 북한의 변화

이 저서는 2017년 대한민국 교육부와 한국연구재단의 지원을 받아 수행된
연구임(NRF-2017S1A3A2065772)

김정은 시대, 북한의 변화
'혁신'과 '발전'의 길

초판 1쇄 발행   2019년 6월 25일

편저자   정영철
펴낸이   윤관백
펴낸곳   도서출판 선인

등록   제5-77호(1998.11.4)
주소   서울시 마포구 마포대로 4다길 4 (마포동 324-1) 곳마루 B/D 1층
전화   02)718-6252/6257
팩스   02)718-6253
E-mail   sunin72@chol.com
Homepage   www.suninbook.com

정가   14,000원
ISBN   979-11-6068-281-6   93300

· 잘못된 책은 바꾸어 드립니다.

김정은 시대, 북한의 변화

'혁신'과 '발전'의 길

정 영 철 편저

도서출판 선인

서문

김정은 시대에 들어와 북한의 많은 것들이 변화하고 있다. 그럼에도 우리는 '1990년대의 북한'을 북한의 '진짜 모습(?)'으로 생각하고 있다. 이래서는 변화하는 북한의 참다운 모습을 파악할 수 없다. 정작 더 큰 문제는 북한의 진정한 모습을 살피지 못하면서, 우리의 대북정책에도 커다란 문제가 발생할 수 있다는 점이다. 최근 북한을 다녀오는 사람들이 생겨나면서 북한의 속살을 조금씩 엿볼 수 있게 되었다. 그렇게 드러난 북한은 과거 1990년대를 상상하던 우리와는 전혀 다른 모습이었다. 강력한 제재로 인해 곧 무너질 것 같은 모습도 아니고, 칠흑 같은 어둠으로만 덮인 모습도 아니었다. 평양에는 우리 식으로 따지면 재개발을 통해 새롭게 건설된 거리가 조성되어 있었고, 놀이공원에는 야간 개장임에도 불구하고 길게 줄을 늘어서서 차례를 기다리는 사람들로 가득 차 있었다. 또 한편에서는 새롭게 단장한 마트(슈퍼마켓과 상업중심 등)에서 꽤 값나가는 물건을 사는 사람들로 붐비고 있는 모습을 보여주고 있다. 놀랍게 늘어난 택시들의 길게 늘어선 행렬도 볼 수 있었다. 이는 제재로 인해 곧 붕괴할 것 같은 '경제적 피폐'함을 떠올리기에는 괴리가 너무 큰 모습이었다.

물론, 평양을 중심으로 한 이러한 변화된 모습이 북한의 전체를 대변하지는 못할 것이다. 여전히 궁핍과 물자 부족으로 고통 받는 사람들도 있을 것이고, 살길을 찾아 아직도 강기슭을 어슬렁거리는 사람들도 있을 것이다. 전국에 산재한 시장이 확대되고, 이렇게 확대된 시장을 중심으로 값을 흥정하고 물건을 사고파는 사람들도 늘었을 것이다. 그러나 적어도 1990년대 회색빛의 생기 잃은 모습과 비교한다면 지금의 북한은 그때와는 완전히 다른 모습인 것만은 틀림없다 하겠다. 그렇다면 도대체 이러한 변화들이 어떻게 가능했는지, 그리고 이러한 변화가 어떤 방향을 향하고 있는지를 물어야 할 것이다. 사실, 지금 북한을 연구하는 학자들조차 유례없는 강력한 제재 속에서도 북한의 경제가 활력을 띠고 있는 '수수께끼'에 대해 속 시원한 대답을 내놓지 못하고 있다.

김정은 시대의 북한이 보여주는 모습은 흔히 말하는 '정상국가'화라고 지칭된다. 과거 당이 제자리를 찾지 못하던 것에서 벗어나 2016년 당대회를 계기로 당을 중심으로 한 당-국가 체제가 제자리를 잡고 있고, 사회의 각 조직들이 각자의 맡은 역할을 수행하고 있는 것으로 보인다. 그러나 이를 단순히 '정상국가'화로 말하는 것도 힘들다. 어떤 상태를 가리켜 '정상국가'라 칭하는지도 의문이지만, '정상국가'라는 표현에는 비정상국가 혹은 실패한 국가로부터의 정상화라는 것을 전제하고 있으며, 더 나아가서는 현재 북한의 변화에서 보이는 '혁신'과 '변화'의 의미를 제대로 짚어내지 못하기 때문이다. 우리는 이 시점에서 우리 '머릿속의 북한'이 아니라 '있는 그대로의 북한'을 인정하고, 그의 변화 방향과 의미를 읽어낼 수 있어야 할 것이다. 그것은 특정 지역으로서 '북한'에 대한 이해이면서도 동시에 우리가 추구해야 할 '올바른 남북관계'를 만들어내기 위해서도 필수적으로 요청되기 때문이다.

이 책은 이러한 '북한의 변화'에 대한 조그마한 단서라도 발견하기 위해 기획되었다. 여기에 실린 글 들은 이미 발표된 글 들 중에서 현재의 북한 변화를 읽어내는 데 핵심이 되는 것들을 우선적으로 추려서 정리한 것이다. 총 6편의 논문을 추렸고, 이는 각각 이데올로기, 경제과학, 군사와 문화 분야의 글 들이다. 북한의 변화는 우선적으로 이데올로기 분야에서 관찰된다. 사회주의 국가에서 이데올로기의 변화는 변화의 시작과 끝을 의미한다고 할 수 있다. 북한의 이데올로기는 '주체사상'이라는 절대 진리 혹은 순수 이상을 기반으로 현실에서 요구되는 실천의 지침이 어떻게 만들어지고, 적용되고 있는지를 중심으로 살펴보았다. 일명 '순수이데올로기와 실천이데올로기'의 관계로부터 김일성 시대의 주체사상이 어떻게 김정일 시대의 '선군이데올로기'와 결합되었는지를 분석하였다. 최근 북한에서 나타나고 있는 주체사상의 변화에 주목하면서, 주체사상이 더욱 추상화되면서 현실의 지침으로서는 선군정치라는 새로운 이데올로기로서 나타나고 있음을 논증하였다. 최근 김정은 시대에는 '우리 국가 제일주의'가 표방되고 있는데, 이에 대해서는 문제 제기 차원의 분석만 제시하였다. 아직 '우리 국가 제일주의'에 대한 전면적인 분석을 할 수 있는 정도의 연구와 탐색이 이루어지지 못한 탓이다. 둘째, 현재 북한의 가장 큰 변화는 경제분야에서 나타나고 있다. 경제적인 변화는 지금까지 '시장'만을 배타적으로 강조하던 것에서 벗어나 '재정과 금융' 즉, 화폐를 매개로 한 변화를 집중적으로 추적하였다. 우리는 흔히 북한 경제에서 화폐는 별다른 의미가 없을 것으로 생각해 왔다. 그러나 북한 경제는 과거에도, 현재에도 화폐가 대단히 중요한 역할을 하고 있다. 더욱이 1990년대의 위기 속에서 화폐는 가장 중요한 경제적 수단이자 목적이었고, 최근에는 북한 당국이 화폐를 매개로 한 변화를 적극적으로 추구하고 있다. 화폐는 이제 북한 경제에서 단순한 교환 수단을 넘어서서 축장의 수단이자, 가치와 신용을 만들어내는 등 가장 중요한 경제적 변수가 되었다. 앞으로 북한 사회에서 화폐는 더욱 큰 역할을 하게 될 것으로 생각된다. 그리고 이와 관련된 북한 당국의 움직임도 더욱 확대되어 나타날 것으로 예상된다. 결론적으로 현재의 북한 경제는 '계획'이라는 잣대만으로 평가하기에는 너무 멀리 왔으며,

계획과 시장, 재정, 금융 등의 복합적인 변수를 고려해야만 제대로 살펴볼 수 있게 되었다. 셋째, 김정은 시대의 눈에 띄는 변화의 하나는 세계경제에 대한 시각의 변화이다. 과거 '반(反) 제국주의' 시선을 통해 바라보았던 세계경제가 이제는 북한이 적극적으로 진출하여 경쟁해야 하는 공간으로 변모되었고, 이를 대비하기 위한 여러 가지 다양한 논의들이 나타나고 있다. 심지어는 강력한 제재의 와중에도 환차 수익과 파생금융상품까지 언급하면서 오늘날 세계경제의 변동에 민감하게 반응하고 있다. 이러한 움직임은 앞으로 북한의 개방과 관련해서 중요한 의미를 던져주는데, 앞으로의 북한 개방은 과거의 특구 개발과 같은 방식으로만 진행되지 않을 것이란 점이다. 오히려 우리의 예상을 넘어선 과감한 행보를 보여줄 수 있다는 점에서 주목된다 하겠다. 넷째, 오늘날 북한의 가장 중요한 국가 핵심 사업은 과학기술의 발전이며, 과학기술의 발전을 통한 경제발전의 추구라고 할 수 있다. 지난 7차 당대회에서 과학기술 강국이 그 어떤 다른 분야보다도 앞서서 호명되었다는 점에서 북한이 과학기술에 거는 기대감을 알 수 있다. 또한, 최근에는 사회적으로 화제가 되었던 북한 학자의 글이 국내의 학술지에 게재되는 일도 있었다. 이 역시 과학기술과 관련된 분야였다. 북한은 지난 2018년 김정은 시대의 '경제발전과 핵무력 증대의 병진노선'을 마무리하고 '경제건설총력집중노선'을 채택하였다. 그간 북한 사회를 옥죄어 왔던 '안보' 문제에 대처하기 위해 선택했던 군사력 증대의 노선에서 경제에 국가적 역량을 총력 집중하는 노선으로의 변화인 것이다. 그리고 이를 위해 과학기술에 기반한 경제발전을 추진하고 있다. 현재 북한은 여러 분야에서 과학기술의 성과들을 생산 현장에 적용시키고 있는 것으로 보인다. 그 발전의 수준을 정확히 가늠하기는 어렵지만, CNC를 중심으로 한 현대화와 과학화를 중심으로 하는 방향으로 움직이고 있는 것은 분명해 보인다. 북한의 과학기술에 대한 강조는 경제발전이라는 측면에서도 주목되지만, 앞으로의 남북관계의 발전과 그 협력이라는 측면에서도 대단히 주목해서 보아야 할 지점이라 하겠다. 다섯째, 북한의 군사적 측면의 변화이다. 그 동안 우리는 북한의 군사에 대해서는 '안보'라는 이름으로 공격성, 호전성을 중심으로 이해해왔다. 특히, 2017년까지 핵과 미사일 시험발사 등의 모습은 대량살상무기를 중심으로 한 북한의 군사 이해로 좁게 해석되었다. 그러나 2018년 들어 북한의 군사적 변화는 그간의 선군정치에서 추구되었던 것과는 사뭇 다른 모습을 보여주고 있다. 핵을 스스로 내려놓겠다는 선언에서부터 이를 부분적으로나마 실행에 옮기는 모습 등은 과거와는 확연하게 구분된다고 하겠다. 앞으로 북한의 군사 분야의 움직임이 어떻게 변화될지는 한반도의 평화 - 평화체제 구축, 그리고 한반도 비핵화라는 견지에서 한 시도 눈을 뗄 수 없는 지점이라 할 것이다. 마지막으로 북한의 문화는 김정은 시대에 들어서자마자 가장 극적인 변화를 보여주고 있는 분야라 할 것이다. 세인의 주목을 받았던 '모란봉 악단'의 출현부터 시작하여, 2018년 서울과 강릉에서 보여주었던 '삼지연 악단'의 공연 등은 그간 북한의 문화에 익숙했던 것과는 전혀 다른 모습이었다. 그러나 북한의 문화적 변용은 단지 문화 분야만의 변화로 해석되어서는 안 될 것이다. 김정은 시대의 '혁신'의 모습을 압축적으로, 그리고 김정은 시대 북한 당국의 의지를 집약해서 보여주고 있는 지점인 것이다. 이런 측면에서 북한 문화의 변화는 문화의 세계화, 개방화, 현대화라는 측면과 동시에 북한 사회 전체의 변화를 선도하는 것으로 읽어야 할 것이다.

북한의 변화를 관통하는 키워드가 있다면 그것은 바로 '혁신'과 '발전'이라는 점이다. 이는 단지 새롭게 한다는 의미에서의 혁신만이 아니라, 위기의 시대를 뒤로 하고 '새로운 북한'을 만들어낸다는 점에서 혁신인 것이다. 또한, 혁신은 발전을 목적으로 하고 있다는 점에서 혁신과 발전은 동전의 양면이라 할 수 있다. 그런 점에서 다시 한 번 강조해야 할 것은 더 이상 1990년대의 눈으로 북한을 바라보아서는 안 된다는 점이다. 이미 북한은 김정은의 등장 이후, 8년이라는 시간을 보내고 있다. 이 시간 동안 우리에게는 낯선 변화들이 지속되었고, 지금도 변화하고 있다. 사실, 변화하지 않는 사회는 '죽은 사회'와 다름없다. 모든 사회는 이러저러한 변화를 겪고 있고, 또 그러한 변화를 추구하고 있다. 북한 역시 마찬가지인 것이다. 그래서 우리가 북한을 바라보는 시각은 '살아 있는 북한'이어야 한다. 이 글이 북한의 변화, 그리고 그러한 변화의 원인과 의도를 생각하는 조그만 실마리라도 제공했으면 한다.

이 책은 기존 학술지 혹은 학술자료집에 실린 총 6편의 논문으로 구성되었다. 그 출처는 이 책의 마지막 말미에 밝혀놓았다. 마지막으로 이 책의 출간을 위해 시간을 다투면서 애써 주신 도서출판 선인에 감사의 인사를 드린다.

2019년 5월
따뜻한 봄날의 노고산 자락에서

정 영 철

차례

1

이데올로기의 변화
순수 이데올로기와 실천 이데올로기

1. 들어가며

　2004년 김일성종합대학 주체사상 교과서는 기존의 『주체사상 총서』와는 다른 체계와 개념으로 서술되어 있다. 1997년 황장엽의 망명 이후, 북한 철학계는 커다란 충격에 휩싸였던 것이 분명하다. 그리고 그러한 충격 이후 내부에서 주체사상의 검토와 선군사상의 등장, 그리고 현실의 변화를 반영하여 주체사상의 개념과 체계에 변화를 가져왔던 것으로 보인다. 북한 내부의 복잡한 사정을 알기는 어렵지만, 2004년의 김일성 종합대학 주체사상 교과서를 통해서 북한이 기존의 주체사상에 대해 어떻게 평가하고, 어떠한 변화를 추구했는지를 간접적으로나마 살펴볼 수 있다. 사실, 1990년대의 충격과 황장엽의 망명 이후, 북한은 사상적으로 여러 가지 혼란을 겪었을 것이다. 1990년대 중반 잠시 등장했던 '붉은기 사상' 논쟁과 이후의 선군사상의 등장, 그리고 공산주의 용어의 삭제 등은 북한 내부가 철학적으로 주체사상을 둘러싸고 여러 논쟁을 거쳐 새로운 주체사상 체계를 구축하고자 했던 것을 보여준다. 김정일의 1990년대 논문에서 보이는 황장엽 류의 주체사상에 대한 비판은 역설적으로 북한 내부에 황장엽의 영향력이 강했고, 그 흔적 또한 적지 않게 남아있을 것이란 추정이 가능하다(김정일, 2000).

북한의 주체사상의 개념과 체계의 변화는 두 가지를 암시한다. 하나
는 주체사상의 논리적 변화의 자연스러운 귀결이라는 것과 다른 하나
는 김정일의 〈사회주의는 과학이다〉 이후 주체사상을 '과학적 진리'의
최정상에 놓고자 한 정치적 기획일 것이다. 이 글은 1980년대 중반의
『주체사상 총서』가 2004년 김일성 종합대학 주체철학 교과서로의 변화
특히, 그 개념과 체계의 변화의 의미를 '정치적 기획'이라는 측면에서
고찰하고자 하는 시도이다. 특히, 셔만(Shurmann)의 순수 이데올로기와
실천 이데올로기의 관계를 적용하여, 김정일 시대의 주체사상의 변용
이 가지는 의미를 분석하고자 한다.[1] 이러한 분석은 김근식(2014)의 논
문에서 찾아볼 수 있다. 김근식의 분석은 주체사상과 선군사상을 추상
화의 견지에서 순수 이데올로기화되었다고 분석한다. 그리고 현실에서
는 과도기적 담론으로서 '김정일 애국주의'가 등장한 것으로 평가한다.
김근식의 분석은 일정한 타당성을 지니고 있지만, 순수 이데올로기와
실천 이데올로기의 관계에서 추상화의 정도를 기준으로 구분하는 것은
몇 가지 점에서 문제가 있다. 그것은 모든 이론은 '추상화'를 지향하지
만, 추상화의 정도에 의해 성격이 규정되지는 않기 때문이다. 또한, 당
규약상에 주체사상-선군사상이 동시에 지도사상으로 규정되었지만, 이
것이 이 두 개의 사상이 모두 순수 이데올로기로 규정되었다는 것은 아
니다. 순수 이데올로기로의 규정은 당 규약의 문제가 아니라 '관계'의
문제에 더욱 가깝기 때문이다(김근식, 2014).

이 글은 셔만의 분석틀을 기준으로 주체사상의 순수 이데올로기화의
과정과 새로운 실천 이데올로기의 등장에 초점을 맞춘다. 또한, 이글은

---

[1] 여기서 이데올로기란 용어는 셔만의 틀 속에서 의미를 가진다. 이데올로기는
흔히 '허위 의식' 혹은 과학과 대비되는 용어로 사용된다. 이 글에서는 이데올
로기에 대한 지식사회학적 분석과 의미를 떠나 '신념 체계'라는 일반적인 의
미에서의 용어로 사용된다.

주체사상에 대한 전면적인 분석을 시도하지는 않는다. 이글은 '변화'에 대한 정치적 해석이며, 그 해석의 틀로서 순수 이데올로기와 실천 이데올로기의 관계를 제시하는 것으로 한정할 것이다.

2. 순수 이데올로기와 실천 이데올로기
: '과학적 세계관'과 '행동의 지침'

1) 순수 이데올로기와 실천 이데올로기의 분화

사회주의 체제에서의 이데올로기를 관념과 행동의 연결체제로 파악하여 순수 이데올로기와 실천 이데올로기로 분류한 사람은 프란츠 셔만(Franz Shurmann)이다. 셔만은 중국 사회주의 체제에 대한 연구를 진행하면서 관념과 행동의 연결체제로서 이데올로기를 파악한 이후, 이의 연결이 직접적인가 혹은 간접적인가에 따라 순수 이데올로기와 실천 이데올로기로 구분하였다. 그리고 순수 이데올로기는 가치, 진리의 기준으로서 제시되고, 실천 이데올로기는 처방과 행동의 지침으로 정의하였다(Schurmann, 1966: 18-24). 이 기준에 따라 맑스-엥겔스의 맑스주의는 중국 사회주의 체제에서 순수 이데올로기로서 기능하며, 모택동주의는 맑스주의의 기초 즉, 맑스주의 정당성 아래에서 지침의 기능을 하는 것으로 파악하였다. 즉, 모택동주의는 실천 이데올로기였던 것이다. 셔만에 따르면 순수 이데올로기가 없는 실천 이데올로기는 정당화에 문제가 있으며, 실천 이데올로기가 없는 순수 이데올로기는 행동화하지 못하는 추상적 관념에 불과한 관계라 할 수 있다(Schurmann, 1966: 18-24). 셔만은 순수 이데올로기와 실천 이데올로기를 이렇게 구분한 이후, 중국 공산당의 당 장정에 기초하여 다음과 같이 도식화하였다.

<그림 1> 셔만의 중국 공산당 이데올로기의 지위 변화

Time (시기)	Pure Ideology (순수 이데올로기)	Practical Ideology (실천이데올로기)
Seventh Party Congress(1945) (7차 당대회)	Marxism-Leninism (맑스-레닌주의)	The Thought of Mao Tse-tung (모택동 사상)
Eighth Party Congress(1956) (8차 당대회)	Marxism (맑스주의)	Leninism (레닌주의)
Since 1960 (1960년대 이후)	Marxism-Leninism (맑스-레닌주의)	The Thought of Mao Yse-tung (모택동 사상)

* 출처: Schurmann(1966: 24).

셔만의 틀에 따르면, 사회주의 체제의 거의 모든 국가들은 맑스주의를 순수 이데올로기의 자리에 놓고, 자신들의 시대적 환경에 맞는 독창적인 해석 혹은 지침으로서 실천 이데올로기에 근거하여 혁명과 건설을 수행하는 것으로 볼 수 있다. 그러나 이에 대해 권오윤은 이러한 순수/실천 이데올로기의 구분은 이데올로기의 주창자 그리고 그들의 선후에 따라 구분되는 것으로서 다소 문제가 있다고 평가하는데, 이유는 이들 이데올로기 내에는 순수 이데올로기적인 내용과 실천 이데올로기적인 내용이 혼재되어 있기 때문이다(권오윤, 1994: 153). 그럼에도 불구하고 순수 이데올로기와 실천 이데올로기의 구분은 현실 사회주의 체제의 이데올로기적 지향과 현실의 문제를 놓고 보는데서 유용하다. 즉, 이데올로기적으로 유토피아적 이상을 추구하는 사회주의·공산주의의 지향은 현실에서는 물질적 조건의 마련 즉, 발전의 문제로 인해 심각한 이론과 현실의 괴리 현상에 부딪히게 된다(Lowenthal, 1970). 소련 및 중국, 그리고 여타 사회주의 역사에서 목격되는 '유토피아적 이상' vs '현실의 발전'은 곧 '이데올로기' vs '발전'의 문제로 치환되었고,

이는 곧 홍(the red)과 전(the expert)의 갈등, 이데올로기적 지도자와 기술관료적 지도자의 순환과 갈등을 낳았다. 과학으로서 맑스주의를 지향하지만, 현실은 맑스주의를 '세계관'의 자리에 놓고 지금 당장 요구되는 발전의 문제에 대한 '지침'이 요구되었던 것이다. 순수 이데올로기와 실천 이데올로기의 구분은 왈라스의 목표 문화(goal culture)와 전이 문화(transfer culture)의 맥락에서도 이해가능하다. 왈라스(Wallace)는 목표 문화(goal culture)를 궁극적인 이상사회에 대한 청사진을 제공하는 이데올로기로서 기존의 문화나 이데올로기에 대해 부적당하거나 옳지 못한 것으로 간주한다. 반면 전이문화(transfer culture)는 기존문화와 목표문화를 연결해주는 전달체계로서 기존 문화를 목표문화로 전이시키는 작용체계로서의 성격을 가지고 있다(Wallace, 1970: 192-193; 권오윤, 1994: 151). 사실 목표문화는 이상적인 사회의 이데올로기로서 제시되지만 현실에서의 불가능성을 내포하고 있다. 따라서 전이문화는 목표문화의 불가능성을 현실과 연결하는 작용을 하는 것이다. 이런 점에서 순수 이데올로기와 실천 이데올로기는 목표문화와 전이문화와 동일한 구조적 구분을 하고 있으며, 단순화하자면 목표와 도구로서의 이데올로기적 성격을 지니고 있다고 할 수 있다.

　이러한 순수 이데올로기와 실천 이데올로기의 분화는 사회주의 역사의 과정에서 어쩌면 필연적인 결과라 할 수 있다. 즉, 사회주의 역사는 제1차 국제 공산당으로부터 제3차 국제 공산당의 역사를 거치면서 세계적인 범위에서 다양한 지역과 인종, 민족 그리고 다양한 혁명의 경로를 밟아왔다. 비록 1980년대 말 사회주의권의 대변혁 ― 혹은 대실패 ― 으로 귀결되었지만, 사회주의 역사는 사회주의 이념의 다양성을 보여주는 것이었고, 이는 맑스주의라는 '과학적 세계관'을 정당성의 기반으로 하지만, 결국 다양한 이념과 이론과 방법이 탄생하고 확산되는 과정이었다고 할 수 있다. 이로부터 모두가 맑스주의를 말하지만 서로 '다른' 맑스주의를 말하였고, 현실에 있어서는 자국의 상황에 맞는 이론과 방법을 탄생시키는 것이었다. 모택동주의, 호치민주의, 티토이즘 등이 모두 그러한 역사를 반영하는 것이었다. 또한, 이들 사상적 궤적에는 민족주의적 요소가 강하게 내포되어 있었다. 즉, 맑스주의의 토대 위에서 토착의 이데올로기가 결합되었던 것이다. 이 과정은 또한 전 세계에서 혁명의 보편성을 토대로 하지만, 현실적으로는 독자적 혁명운동의 발생과 확산이었다.[2]

이로부터 자연스럽게 각각의 지역은 맑스주의의 보편성·과학성의 기반 위에서 자신들에게 요구되는 '현실의 지침'을 마련할 수밖에 없었고, 유럽 특히 서유럽과는 다른 역사와 이념의 지형 위에서 혁명을 추진하였다. 그리고 이러한 현실의 필요성이 실천 이데올로기를 요청한 것이었고, 결국 순수 이데올로기와 실천 이데올로기로의 분화가 발생하였던 것이다. 즉, 문제는 거대하고 추상화된 '이론'이 아니라 바로 '지금' 요구되는 행동의 지침이었던 것이다.

2) 실천 이데올로기로서 주체사상: 현실의 지침으로서 주체사상

순수 이데올로기와 실천 이데올로기의 탄생과 분화의 역사를 기준으로 주체사상을 분석하자면 주체사상 역시 실천 이데올로기로서 '조선혁명'의 필요성에 따른 탄생이었다고 할 수 있다. 비록 북한이 주체사상의 출발을 1930년 카륜회의와 '주체시대'의 탄생이라는 김일성의 활동을 중심으로 서술하고 있지만, 이는 주체사상의 정당화를 위한 역사적,

---

2) 맑스주의의 형성과 그 발전 과정에 대한 간략한 역사적 설명으로는 한형식 (2010)을 참조할 것. 다른 한편, 셔먼에 따르면 혁명운동이 모두 이데올로기를 가지지만, 그렇다고 모든 이데올로기가 실천이데올로기로 발전하지는 않는다고 한다. 대표적으로 민족주의 운동은 단지 순수이데올로기만을 지향하는 경향이 있다고 한다(Schurmann, 1966: 23).

이론적 설명이라고 할 수 있다.[3] 1955년 '주체'의 탄생을 전후한 북한의 역사는 사회주의권의 변화 - 흐루시초프의 등장과 평화공존론, 탈 스탈린주의의 물결, 그리고 이에 따른 동유럽의 수정주의 - 가 한편에 존재한다면, 다른 한편으로는 북한 내부에서의 소련파/연안파의 김일성에 대한 도전 등이 자리하고 있다. 이러한 내외적 환경 속에서 김일성의 선택은 전통의 강화 즉, 자신의 항일혁명전통의 강화와 동시에 이들의 움직임을 사대주의/교조주의로 낙인찍고 자신의 노선을 강화, 고수하는 것이었다(정영철, 2010). 주목할 것은 '주체'의 탄생이 지금까지 김일성의 '말씀'으로만 존재했던 것에서 벗어나 하나의 이데올로기로 탄생했다는 점이다. 종파사건을 마무리하면서 등장한 김일성의 1958년 연설 〈공산주의 교양에 대하여〉는 물질적/기술적 생산력의 추동에 더하여 '인민'의 사상 의지를 더하는 것이었고, 그 핵심은 계급의식의 강화였다(김일성, 1981). 굳이 분류하자면, 맑스주의의 두 가지 해석의 흐름 중 '의식'의 자율성을 강조한 주의주의(主意主義)적 성향의 맑스주의의 길이었다고 할 수 있다.[4]

1955년 '주체'의 탄생 이후에도 한 동안 북한에서는 '주체사상'이라는 용어가 등장하지 않았다. 오히려 맑스주의의 주체적 해석이 강조되었다. 1960년대에는 주체의 4대 원칙이라는 이름으로 주체사상이 처음으로 등장하였을 뿐이다.[5] '주체'의 탄생부터 '주체사상'이 등장하기까지

---

[3] 북한이 주장하는 주체사상의 출발은 1930년대 카륜회의에서의 김일성의 연설 '조선혁명의 진로'라고 주장한다. 그러나 북한 역사에서 '주체'의 등장은 1955년 12월이었고, '주체사상' 용어의 등장은 1962년이 최초인 것으로 보인다.

[4] 여기서 말하는 맑스주의의 두 가지 흐름은 구조주의적 흐름과 인본주의적 흐름을 의미한다. 물론, 맑스주의의 흐름을 이렇게 구분하는 것은 자의적이다. 그러나 분명한 것은 초기 맑스에 주목하면서 '의식'의 자율성을 강조한 코르쉬, 루카치 및 그람시 등의 흐름은 '구조'의 작용에 비한 의식의 역할에 보다 더 많은 강조를 두었던 것은 분명하다.

[5] 주체의 4대 원칙이란 사상에서의 주체, 정치에서의 자주, 경제에서의 자립, 국

에는 꽤 오랜 시간 요구되었던 것이다. 그럼에도 주체사상은 여전히 철학적, 이론적, 방법론적 체계가 갖추어지지 않은 상태였고, 주체의 4대 원칙에 자력갱생이 결합된 실천의 '지침'이었을 뿐이었다. 또한, 김정일의 등장 이전까지 북한은 스스로도 주체사상에 대한 체계화작업에 소홀했던 것으로 보인다. 김일성의 다음과 같은 발언은 이를 잘 보여준다.

> 나는 우리 혁명의 요구와 새로운 자주시대 인민들의 지향을 반영하여 주체사상을 내놓고 그것을 지침으로 하여 혁명과 건설을 령도하여왔으나 주체사상의 원리를 종합체계화하는 문제에 대해서는 별로 생각하지 않았습니다. 이 문제는 김정일동지에 의하여 빛나게 실현되었습니다(조선로동당중앙위원회 당력사연구소, 2004: 396-397).

사실 북한에서 '주체'가 등장하고 '사상'으로서 발전하게 된 여건의 이면에는 김일성의 자신감 즉, 북한 체제의 자신감이 자리하고 있었다. 1956년 종파사건에서의 승리, 천리마 운동을 통한 급속한 경제성장, 소련과 중국의 일련의 변화에 따라 북한의 가치가 상승했던 국외적 조건, 그리고 과학기술의 성과 - 비날론과 염화비닐 등의 자체 제작 등 - 등이 주체에 대한 자신감을 더해주었고, 여기에 더해 1960년대 국제무대에 등장하기 시작한 비동맹운동의 발전은 자신들을 제3세계의 독자적이면서 동시에 발전의 모델로 위치지우도록 했다. 이러한 상황에서 주체 그리고 주체사상은 내외에 대한 비판의 무기이자 건설의 동력으로 작용하였다. 즉, 1960년대까지의 주체사상은 제3세계의 고유한 독자성을 강조하는 하나의 사상적 흐름으로서 위치되었던 것이다.[6] 수령론과

방에서의 자위를 의미한다. 이를 주체사상으로 정식화한 것은 김일성의 1965년 연설에서였다. 김일성의 입을 통해 처음으로 주체사상을 해석한 이 연설에서 주체사상이란 주체의 4대원칙과 자력갱생에 대한 강조였다고 주장한다(김일성, 1982).

결합되지 않은 – 수령론이 존재하지 않던 – 맑스-레닌주의의 토착화된
형태의 하나였던 것이다.

　1970년대에 들어와 주체사상에 대한 체계적인 이론화 작업이 진행되
었다. 그리고 이는 김정일에 의해 주도되었다. 이 이전까지 '주체사상'
은 하나의 새로운 사상으로서, 실천의 지침으로서 기능하고 있었지만,
그 형태는 이론화된 명제가 아니라 김일성의 '말씀'이었고, 오히려 방법
론과 자신들의 역사적 경험으로서만 이야기되고 있었다. 그러나 북한
의 사회경제적 상황은 김일성 시대의 그것과는 달랐고, 또한 1970년대
에 등장한 새로운 세대의 교육과 지향 역시 달랐다. 과거의 경험이 3대
혁명소조운동에서 보듯이 '혁신의 대상'으로 전락하고, 천리마 운동의
기운이 소진되는 상황, 국방-경제 병진노선에 따른 경제적 파동이 점차
심해지고 있는 상황, 그리고 새로운 세대가 점차 사회의 중추 세력으로
떠오르고 있는 상황에서 자신들의 경험과 주체의 노선을 이론적으로
정리해야 할 필요성이 점차 커져가고 있었다. 그럴만한 역량 또한 갖춰
지고 있었다. 또한, 여러 가지 면에서 한계가 있었지만 1975년 유엔에
서 유엔사 해체에 대한 '북한 결의안'이 통과될 정도의 국제적인 우군의
확보와 그에 대한 자신감이 지속되고 있었다.[7] 이러한 조건은 실천의
지침으로서 자신들의 사회주의 건설을 인도해왔던 주체사상, 아니 김
일성의 '말씀'에 대한 이론화의 동기를 충분히 부여했고, 때마침 1967년
수령제 사회주의의 원칙이 확립된 조건에서 김일성에 대한 '세계 수령'
으로서의 권위 부여에 대한 동기 역시 충분하였다. 때마침 어려운 가운

---

　6) 이는 1965년 김일성의 인도네시아 방문에서 많은 사람들의 북한의 발전을 '주체
　　사상'과 연관 짓고, 주체사상의 내용에 대해 문의했던 것에서 확인할 수 있다.
　7) 당시 유엔 결의안이 북한에게 엄청난 자신감을 안겨준 것은 확실하다. 김일성
　　은 1975년 제30차 유엔총회 결의안 통과에 대해 유엔이 생긴 이래 처음이라고
　　하면서 '큰 승리'라고 자평하였다(김일성, 1985).

데서도 교육에 힘을 넣어 현대적인 교육을 받고 자란 새로운 세대가 등
장하고 있었고, 사회과학 분야에서의 주체 확립의 요구 역시 커지고 있
었다. 이러한 상황에서 김정일은 1967년의 '수령제' 확립 이후, 맑스-레
닌주의 100년사에 대한 총화를 진행하였다(정영철, 2005). 이 과정에 대
한 철학적, 이론적 논의는 자세하게 알 길이 없다. 그렇지만 1970년대
초중반에 걸쳐 진행된 철학, 사회과학 분야의 대논쟁을 거치면서 주체
사상에 대한 이론적 체계화가 진행되었고, 마침내 주체사상이 하나씩
자기의 모습을 드러내게 되었다. 이 과정에서 황장엽 류의 주체사상과
의 논쟁과 갈등 역시 존재하였다.8) 핵심은 황장엽 류의 주체사상이 취
하고 있던 진화론적 해석에 대한 비판이었다.9)

　주체사상이 체계화된 모습으로 등장하는 것은 곧 자신들의 독자적인
사상을 보편적인 위치로까지 끌어올리는 것이었다. 모택동주의, 호치
민주의, 티토이즘 등 여타의 제3세계의 독자적인 실천의 사상은 결코
철학적 원리에서 맑스주의의 원칙을 이탈하지 않았고, 근본적인 문제
제기를 하지 않았다. 그러나 주체사상은 비록 맑스주의의 철학적 원리
를 전제로 한 것이었지만, 독자적인 철학의 근본문제를 제기하고 새로
운 철학적 원리를 제기하는 수준으로까지 나아갔다. 특히, 주체시대의
개념은 맑스주의와 구분되는 새로운 철학적 요청을 위한 전제로서 맑
스주의까지의 시대와 그 이후의 시대로 구분하는 근거로서 주체사상의
정당성의 기반이 되었다.10)

---

8) 김정일의 1976년의 담화인 〈김일성주의의 독창성을 옳게 인식할데 대하여〉는
　당시 주체사상에 대한 이론화, 체계화 과정에서 주체사상의 해석을 둘러싼 논
　쟁을 반영하고 있다(김정일, 1996).

9) 이 논문에서 말하는 비판의 핵심은 두 가지이다. 하나는 주체사상을 맑스-레
　닌주의의 틀에서 해석하는 경향이고, 다른 하나는 진화론적인 해석이다.

10) 북한은 맑스까지의 시대를 '주체 이전의 시대'로 규정한다. 그리고 김일성에
　의해 '주체시대'가 개막되었다고 선언한다. 새로운 시대에 맞는 새로운 사상의

1970년대 중반 일련의 이론화와 체계화를 갖춘 주체사상은 1980년대
에 들어와 김정일의 〈주체사상에 대하여〉와 함께 총서 10권이 출판됨
으로써 온전하게 그 모습을 드러내었다. 이제 '주체사상'은 하나의 독자
적인 철학체계로서 등장하였고, 맑스주의를 대신하는 보편성에 도전해
나섰다. 북한의 문헌에 따르면 주체사상의 출발점은 사대주의와 교조
주의에 대한 비판이었다(김정일, 2011a). 이는 역설적으로 주체사상이
지극히 경험론적 기반 위에서 출발했음을 말해준다. 그러나 다른 한편,
이러한 출발점은 김일성의 역사와 결부되어 '수령' 김일성의 위대성과
철학적 업적을 찬양하는 지점이 되기도 하였다. 흥미로운 점은 주체사
상에서 제기하는 자주성, 창조성, 의식성의 문제에서 자주성과 창주성
은 김일성의 업적으로, 그리고 의식성은 김정일의 업적으로 말해진다
는 점이다. 이는 김일성과 함께 주체사상의 이론화, 체계화의 과정에서
김정일을 창시와 결부된 '수령'으로 위치지우고자 한 정치적 기획과 관
련된다. 그리고 여기에 수령론이 결합함으로써 주체사상은 이제 '실천
의 지침'이면서도 동시에 '위대한 수령'과 결합된 경직된 이데올로기의
성격을 띠기 시작했다.[11] 이는 1967년 '수령'에 대한 유일체제가 등장한
이후, 주체사상이 이와 관련되어 이론화, 체계화되기 시작했다는 점과
무관하지 않다.

그럼에도 불구하고 1980년대 주체사상은 여전히 맑스주의의 개념과
이론적 틀 안에서 논의되었다. 수령론은 여전히 '상징'과 결부된 이론으
로서 명확하게 논리적 기반을 갖추지 못하고 있었다. 마침내 1986년 김
정일의 〈주체사상 교양에서 제기되는 몇 가지 문제에 대하여〉가 나오
면서 '수령, 당, 대중의 사회정치적 생명체' 개념이 정립되었고, 이로써

출현을 정당화하기 위한 논리이다.
[11] 이는 맑스주의가 창조의 학설임에도 불구하고 도식화, 체계화됨으로써 화석
화된 이론으로 받아들여지는 역사적 과정과 비교할 만 하다.

주체사상의 체계 안에서 '수령론' 나아가 '수령관'이 이론적인 접점을 찾을 수 있었다. 또한, 맑스주의의 '프롤레타리아 독재체계'를 대신하는 '수령-당-대중의 사회정치적 생명체'의 체계를 완성할 수 있었다. 이제 주체사상은 '순수 이데올로기'로 자신을 포장할 수 있는 이론적 기반을 완성했으며, 사실상 1980년대 이후 북한에서 맑스-레닌주의는 원칙으로만 운위되고 현실에서는 별다른 힘을 가지지 못하게 되었다.

<그림 2> 1980년대 정립된 주체사상 총서의 체계

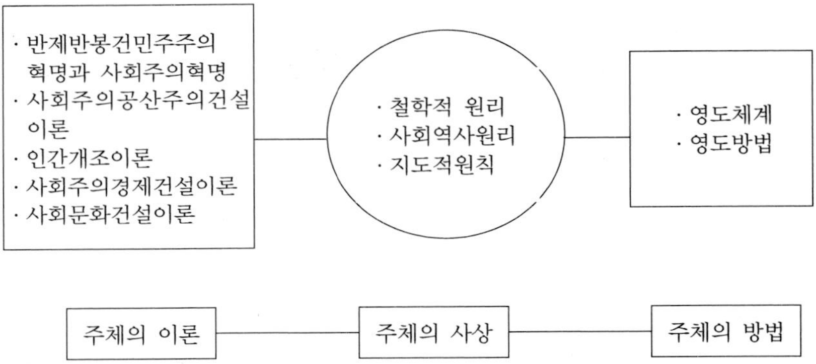

· 반제반봉건민주주의
　혁명과 사회주의혁명
· 사회주의공산주의건설
　이론
· 인간개조이론
· 사회주의경제건설이론
· 사회문화건설이론

· 철학적 원리
· 사회역사원리
· 지도적원칙

· 영도체계
· 영도방법

주체의 이론 ——— 주체의 사상 ——— 주체의 방법

　위의 그림에서 보듯이 1980년대 정립된 주체사상은 맑스주의의 철학, 사상, 이론과 대응되는 구조를 갖추고 있었다. 여전히 맑스주의의 개념과 틀 안에서의 '주체사상'이었던 것이다. 또한, 이는 여러 가지 해석이 가능한 '틈새'를 안고 있었다. 일명 '유연성'으로 표현할 수도 있지만, 다른 한편으로는 맑스주의 관점에서의 해석의 여지를 안고 있었던 것이다. 그리고 이는 북한 내에서 황장엽 류의 주체사상이 지속적으로 '다른' 해석을 할 수 있는 구조였던 것이다.[12] 그것은 주체사상이 새로운

12) 이는 1986년의 김정일 문헌에서도 등장한다. 즉, 이 당시 북한의 '일군'들은 맑스주의와 주체사상의 정확한 관계를 충분히 인지하지도 못했고, 그에 따라 주

철학의 근본문제와 원리를 제기했음에도 그 체계는 여전히 맑스주의를
기반으로 한 것이었고, 개념 역시 맑스주의의 그것과 동일했기 때문이
다. 이런 체계 속에서는 맑스주의에 근거한 해석과 사고가 지속될 수밖
에 없었다.

3. 주체사상의 순수 이데올로기화: '참된 과학'으로서 주체사상

1) 주체사상의 위기와 변용: 맑스주의와의 결별

순수 이데올로기와 실천 이데올로기의 관계에서 주체사상의 탄생과
1980년대 중반까지의 상황을 살펴보면, 실천 이데올로기로서 탄생한 주
체사상이 순수 이데올로기로서 자리매김되는 과정이었다고 해석할 수
있다. 그리고 이제는 맑스-레닌주의는 당 강령에서조차 삭제되었다. 따
라서 이 시기는 주체사상이 '순수 이데올로기'로서 자신의 지위를 격상
시켜 가는 과정이었고, 동시에 실천 이데올로기로서의 확고한 위치를
차지하게 되는 시기였다. 즉, 순수 이데올로기이자 실천 이데올로기로
서 주체사상이 등장하게 된 것이다.[13]

1980년대까지 북한의 주체사상에 대한 이론화 작업은 김정일에 의해
주도되었다. 이 과정은 다른 한편으로 주체사상이 실천 이데올로기로

체사상 교양에서도 여러 가지 혼란과 시행착오를 거쳤던 것으로 보인다(김정
일, 2011b).

[13] 여기서 다시 셔만의 개념으로 돌아갈 필요성이 있다. 셔만의 구분은 여러 가
지로 유용하지만 동시에 순수 이데올로기 내에서도 실천 이데올로기적인 성
격이 있고, 실천 이데올로기에서도 순수 이데올로기적인 요소가 들어있다는
점에서 개념의 '틈새'가 발견된다. 따라서 셔만의 틀에서도 주체사상은 순수
이데올로기적 성격과 동시에 실천 이데올로기적인 성격이 동시에 발견될 수
있다. 이에 대해서는 권오윤(1994)을 참조할 것.

서의 현실 적합성보다는 그 순수성 – 보편성이 더욱 강화되는 과정이었고, 이는 필연적으로 도식화된 주체사상과 체계화된 주체사상으로 이해되는 과정이기도 하였다.[14] 맑스주의가 도식화에 의해 기계적인 유물론과 변증법으로 전락한 측면이 있듯이, 주체사상 역시 도식화와 기계화되는 과정이 바로 1980년대 후반기였다. 1970년대 '온 사회의 주체사상화'의 등장과 그에 따른 전체 사회의 주체사상으로의 교육이 진행되었지만, 1980년대를 경과하면서 곧 도전에 직면하였다. 북한 체제에 닥친 위기는 주체사상에 심각한 도전이었고, 이를 어떻게 극복하는가가 '사상의 힘'으로 평가될 수 있는 상황이었다. 이는 1990년대 불어 닥친 사회주의권의 격변과 북한 체제의 위기로부터 시작되었다. 새로운 위기의 시기에 북한의 선택은 개혁·개방이라는 시대적 조류를 선택하는 대신 자신들의 사회주의를 전통적인 사회주의와 구별 짓고, 자신들 사회주의의 우월성을 더욱 강화하는 것이었다. 즉, '우리식 사회주의'에 과학적 세계관을 부여하고, 주체사상의 과학성을 맑스-레닌주의의 위에 올려놓는 것이었다. 그리고 이는 맑스-레닌주의와의 분명한 결별을 의미하였다. 1994년 김정일의 논문 〈사회주의는 과학이다〉는 이를 상징적으로 보여준다.

　　1994년의 김정일 문헌은 사회주의 붕괴의 원인을 철학적으로 고찰하는 동시에 주체사상에 근거한 '주체 사회주의'의 우월성과 과학성을 주

---

14) 이 과정에 대해서는 여러 가지의 평가가 가능하다. 그러나 맑스주의가 '창조의 학설'의 힘을 상실하기 시작한 것이 도식화된 맑스주의의 전개였다는 평가를 인용한다면, 초기 북한 사회주의 건설의 활력의 원천이었던 '주체사상'이 도식화된 틀로 전락함으로써 오히려 '창조'의 학설이자 현실의 동력으로서의 힘을 상실하는 과정이었다는 평가도 가능할 것이다. 이는 김정일의 '사상에서의 창조성 부정'이라는 맥락에서도 이해 가능하다. 이미 1970년대부터 김정일은 방법에서의 창조성을 인정했지만, 사상에서의 창조성은 인정하지 않았다(김정일, 1987: 225). 이러한 사상에서의 창조성 불허는 이후에도 지속적으로 강조되고 있다. 그리고 이는 곧 다양한 논쟁을 통한 사상의 발전을 가로막는 역할을 하였다고 평가된다.

장하는 내용으로 채워져 있다. 이 문헌에서 김정일은 과학적 기반을 갖지 못한 사회주의 사상의 한계와 오류를 지적하고, '참다운 과학'으로서 주체사상을 재규정하였다. 이제 주체사상은 맑스-레닌주의의 창조적 적용으로부터 출발하여, 이론화와 체계화를 거치면서 맑스-레닌주의의 시대적 한계를 뛰어넘는 사상으로, 그리고 마침내 가장 과학적인 사상으로서 자리매김되었다. 그러나 아직까지도 주체사상은 맑스-레닌주의의 표현과 형식을 차용하고 있었으며, 더구나 내부에서의 이견도 완전히 극복하지 못한 상태였다. 그리고 이러한 내부에서의 이견은 황장엽의 망명으로 극적으로 표출되었다. 위기의 시기에 주체사상의 균열이 발생하였고, 이에 따라 북한은 주체사상을 내부적으로 진지하게 재검토할 필요성에 직면하였다.

1997년 황장엽의 망명은 북한의 철학 학계에 커다란 충격이었다. 비록 황장엽이 1970년대 주체사상의 이론화 과정에서 일정 부분 밀려나 있었다하더라도,[15] 그가 가지고 있는 위상은 결코 만만치 않았다. 그러나 황장엽의 망명은 역설적이게도 지금까지의 주체사상에 대한 재검토의 기회를 제공했다. 황장엽 류의 해석과의 비판과 단절을 넘어 주체사상에 대한 폭넓은 재검토의 기회를 제공했으며, 이로부터 북한의 철학계는 심각한 내부 토론에 들어간 것으로 보인다.[16] 그리고 그 결과물이 2004년의 주체사상 교과서에 반영되어 나타난 것으로 보인다.

---

[15] 황장엽의 주체사상에 대한 비판은 이미 1970년대부터 진행되었다. 아니, 정확히는 1960년대 후반, 과도기 논쟁과 '속도와 균형' 논쟁에서부터 황장엽류의 주체사상에 대한 비판이 진행되었다. 이에 따라 1970년대 주체사상이 체계화되는 과정에서 황장엽을 실제로 큰 영향력을 발휘하지 못한 것으로 알려져 있다(방인혁, 2009: 3장).

[16] 이에 대해서는 정확한 실상을 알기 어렵다. 그러나 당시까지 활발하게 주체사상에 대한 대외 선전을 담당하던 박승덕 교수가 그 이후로 모습을 보이지 않는 점 등으로 보아, 내부에서의 격렬한 토론과 검증이 있었던 것으로 보인다. 또한, 필자가 면담한 일본의 ○○○ 교수의 증언은 북한에서 황장엽 망명 이후, 철학 및 사회과학계 내에서 심각한 토론이 진행되었다고 한다.

<그림 3> 2004년 김일성종합대학 주체사상 교과서의 체계

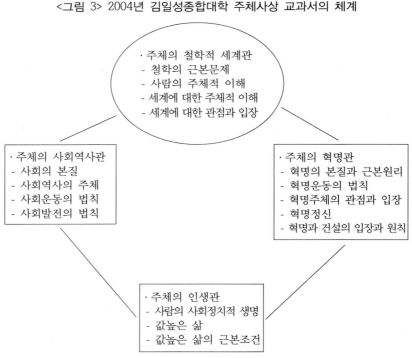

* 출처: 주체철학교과서집필조(2004).

위의 그림에 따르면 주체사상의 변용은 크게 구성 체계의 변화, 개념의 변화 그리고 강조점의 변화 등으로 대별된다.[17] 먼저, 기존의 철학적 원리, 사회역사 원리, 지도적 원칙 등을 철학적 세계관, 사회역사관, 혁명관, 인생관으로 수정하였다. 이 중 지도적 원칙과 영도방법 등을 혁명관으로 통합한 대신에 인생관을 하나의 별도의 내용으로 구성하였다. 또한, 철학적 세계관 등의 표현에서 알 수 있듯이 주체사상 독자의 개념을 구사하고 있는 것도 특징이라 할 수 있다. 이러한 특징은 전체적으로 사상, 이론, 방법의 엄격한 체계보다는 사상적 입장과 태도, 그

---

17) 이 글에서는 주체사상 변화의 내용적 분석과 평가를 수행하지 않는다.

리고 인생관, 도덕관을 강조하여 주체사상에 대한 내면화를 보다 더 중시하는 모습을 보여주고 있다. 또한 1990년대 이후, 북한 사회의 위기 및 정치사상적 동요와도 관련된 것으로 보인다. 물질적 삶에서의 우월성이 사라진 이후, 인간의 의지와 도덕에 보다 더 많은 강조점을 두는 '主意主義적' 성격이 강화되었고, 결과적으로 주민들에게 '올바른 삶'의 도덕적 가치에 대해 묻고 있는 것이 특징이라 할 수 있다. 그리고 이는 마치 도덕 원리처럼 보편적이고 순수한 가치를 중요한 내용으로 구성하고 있는 것으로 나타나고 있다. 마치 철학으로서보다는 '윤리'의 최고 원천으로서 등장하고 있는 것처럼 보인다.

　다른 하나는 맑스-레닌주의의 개념 규정에서 벗어나서 주체사상의 독자적인 개념이 사용되고 있다는 점이다. '철학적 원리' 등의 그간의 개념을 대신하여 '철학적 세계관' 등의 개념이 사용되고 있고, '프롤레타리아 독재' 개념 등은 '인민민주주의 독재'로 그 개념이 바뀌었다. 가장 크게는 '~~론'이라는 용법이 아니라 '~~관'이라는 용법이 사용되고 있다는 점이다. 이는 곧 사상을 '세계를 보는 관점'으로 정식화한 자신들의 개념에 충실한 것으로 해석된다. 즉, 사상은 '이론'적인 그 무엇이기 이전에 '관점과 태도'인 것이다. 이러한 변화는 결국 맑스-레닌주의와의 차별성의 강조에서 나아가 이와의 결별을 명시적으로 의미하는 것이라고 할 수 있다. '참다운 과학'으로서 주체사상은 맑스-레닌주의와는 더 이상 '계승'이라는 측면에서 고찰될 수 없었던 것이다. 이제 주체사상은 그 철학적, 사회역사적 세계관에 더하여 도덕과 인생의 문제에 해답을 내리는 가장 보편적이고 과학적인 세계관으로서 제시되었고, 이로부터의 일탈은 이론적인 것이 아니라 도덕적인 것으로 인식되도록 하였다. 그 한 가운데에 '수령' - '최고지도자'에 대한 도덕, 의리 곧 충성심이 놓여 있다.

　맑스-레닌주의와의 결별을 선언한 이후, 주체사상은 그 무엇도 대체

할 수 없는 순수 이데올로기로 정식화되었다. 그리고 순수 이데올로기
로서 주체사상은 또 다른 실천 이데올로기를 만들어내는 '원천'으로 기
능하게 되었다. 그것은 주체사상이 불변의 '과학적 세계관'을 제시하는
것이라면, 현실에서 요구하는 '실천의 지침'은 추상적인 그 무엇이 아니
라 바로 '현실'에서의 구체성을 담보해야 하기 때문이었다. 셔만의 틀에
따르자면, 이제 주체사상은 '사상'으로서가 아니라 '이론(theory)'으로서
정립되었고, 하위의 새로운 '사상(thought)'이 요구되었던 것이다.[18] 1990년
대 이후, 북한에서의 사상적 지형은 순수 이데올로기로서 주체사상이
자리매김되면서 동시에 현실이 요구하는 당면의 문제를 풀어가는 '지
침'을 강요받고 있었다. 선군사상은 바로 그러한 요구를 반영한 것이었
고, 선군시대 혹은 '주체혁명의 새로운 발전의 시대'에 요구되는 실천
이데올로기로서 기능하게 된 것이다.

2) 주체사상의 순수 이데올로기화와 새로운 실천 이데올로기의 탄생

한편, 1980년대 말부터 소련 및 사회주의 국가들에서 벌어지는 일련
의 사태로 인해 북한 내부에서도 발전의 문제를 둘러싼 소리 없는 논쟁
이 벌어졌다.[19] 그리고 이 논쟁은 비록 전통적인 '자립경제노선'이 승리
를 거두었음에도 불구하고 그 여진이 지속되고 있었다. 김정일의 등장
초기 제시된 '붉은기 사상'은 하나의 철학적 이론으로서가 아니라 내부
의 논쟁 그리고 이어진 여진 속에서 제시된 '관점'의 문제였고, 자신들
의 지향을 명확히 하고자 한 것이었다. 붉은기 사상은 체제 수호의 이

---

[18] 셔만에 따르면 '이론'과 '사상'의 용법은 중국적인 것으로서, 중국에서 이론은
맑스주의를, 사상은 마오사상을 의미했다. 결국 이론은 순수 이데올로기를,
사상은 실천 이데올로기를 의미한다(Schurmann, 1966: 23).

[19] 1980년대 말부터 진행된 이 논쟁은 결국 '자립'과 '개방'의 문제였다(이태섭,
2002).

데올로기를 의미하였고, 내부에서 경제 노선을 둘러싼 논쟁 즉, 개혁 · 개방 vs 자립경제의 논쟁에서 자립경제를 지향하는 사상적 자세를 의미하였다.[20]

이어진 1990년대는 북한에게 심각한 위기의 시대였다. '고난의 행군' 이라는 용어가 말해주듯, 1930년대의 고난이 재현되는 시대였다. 사회주의의 붕괴, 국제적인 고립, 김일성의 사망과 연이은 자연재해 그리고 이 결과로 북한 경제는 붕괴 직전에까지 내몰렸고, 그간 구축해왔던 체제는 여기저기서 허물어지기 시작했다. 이러한 가운데 최고지도자로 등장한 김정일에게 최대의 과제는 안보의 문제였다.[21] 즉, 체제의 위기를 극복하는 것이었다. 북한이 전통적으로 가지고 있던 딜레마로서 안보와 발전의 문제가 1960년대 김일성의 '병진노선'으로 구체화되었다면, 김정일에게 안보와 발전의 문제는 발전을 잠시 제쳐놓고 안보를 최우선시할 수밖에 없는 상황이었다. 이렇게 본다면 위기는 외부적 요인만이 아니라 내부적 요인에 의해서도 발생하고 있었고, 이에 맞서는 새로운 현실의 지침이 요구되었다.

그러나 위기의 상황에서 지금까지 체계화된 주체사상은 이 문제에 대해 직접적인 '지침'을 제공하기에는 너무나 추상화되었다. 추상화된 '진리' 속에서 현실에 요구되는 구체적인 '실천'의 지침을 마련해야 했다. 앞서 제시된 '붉은기 사상'은 관점과 자세를 의미하는 것일 뿐 실천의 지침으로서의 기능은 갖추지 못하고 있었다. 이러한 조건에서 제시된 구체적인 지침이 바로 '선군정치'였다. '선군정치'는 과거 '병진노선'처럼 안보의 위기에서 제시된 정책과 방향으로 출발하였다. 그러나 점

---

[20] 김근식의 주장처럼 이는 하나의 '정치 담론'의 차원에서 고찰되어야 할 것이다 (김근식, 2014).

[21] 북한의 전통적인 딜레마로서 '안보'과 '발전'의 문제는 1990년대에 들어와 '안보'가 가장 시급하고도 중요한 문제로 제시되었다.

차 '선군정치'를 이론적으로 뒷받침하는 새로운 체계화가 시도되었다. 총대철학, 선군혁명이론, 선군혁명영도 등으로 철학과 이론과 방법이 제시되었고, 이에 대한 체계화된 이론적 설명이 제시되었다. 그리고 결국 '선군사상'으로 그 모습을 드러내었다.

그렇다면 선군사상은 주체사상을 대체하는 새로운 '사상'의 기능이라고 할 수 있을까? 선군사상은 주체시대의 계승이자 발전이라고 규정된다. 선군사상이 주체사상을 대체하는 이데올로기가 되기 위해서는 시대규정에서부터 달라져야 한다. 그러나 북한에 의하면 주체시대를 관통하는 사상으로서 '주체사상'이 존재한다면 선군사상은 주체 혁명의 새로운 발전의 시대를 대표한다. 즉, 여전히 주체시대에서의 '국면적 전환' 정도를 의미한다고 할 수 있다. 그리고 이는 김일성의 시대가 주체 혁명 역량을 마련하는 시대였고, 이것이 주체 시대를 개막하는 '주체사상'으로 이어졌다면, 김정일의 시대는 혁명의 전취물을 보호하고 발전시키는 시대, 즉, 새로운 발전의 시대인 것이다. 따라서 선군사상은 그 시대적 규정에 있어서도 주체사상의 하위 혹은 주체사상의 이론적 보완이라 할 수 있다. 마치 맑스-레닌주의의 현실에서의 창조적 적용으로서 주체사상이 출발했던 것과 유사하게, 주체사상의 새로운 시대의 창조적 발전으로서 선군사상이 제기되었던 것이다. 그리고 이와 함께 주체사상에서 미처 해답을 제시하지 못한 몇 가지 이론적 문제에 새로운 변화를 가져왔다.

선군사상에 의한 이론적 변화는 여러 가지 측면에서 살펴볼 수 있다. 첫째가 전통적인 계급 개념에 따른 혁명 역량의 편성을 부정하고 새로운 계급/계층 혹은 사회세력의 구분을 통해 혁명 역량을 재편성했다는 점이다. 즉, 군을 하나의 독자적인 사회세력으로 규정하고 이들에게 혁명의 주력군 지위를 부여했다. 전통적인 맑스-레닌주의의 계급 및 혁명 역량 편재로부터의 일탈인 것이다. 둘째, 혁명과 건설의 분리이다. 혁명의 시기 핵심은 노-농 동맹에 따른 계급 혁명이 중심을 이룬다. 그리고 그 목적 역시 정권의 획득을 중심에 놓는다. 그렇다면 혁명이 성공한 이후의 과제는 무엇일까? 선군사상은 이에 대해서 이제는 혁명의 전취물을 보호하고 발전시키는 것이라고 한다. 그리고 이러한 혁명의 전취물을 보호하는 데서는 군이 핵심적 역할을 하여야 한다고 주장한다. 따라서 군은 혁명 이후 건설의 시대의 주력군으로서 역할을 하여야 하며, 노동자-농민을 앞장서서 이끌어가야 할 임무를 지니고 있는 것이다. 셋째, 사회정치적 생명체로서의 유기적 조직체의 변화이다. 그간 '수령-당-대중의 통일체'로서 사회정치적 생명체는 이제 군이 독자적인 사회세력으로 규정된 이후, '수령-당-군-대중의 통일체'로서 사회정치적 생명체로 재정의되었다. 군이 독자적 사회세력으로 규정된 이상, 사회 유기체로서 군의 위상이 '사회정치적 생명체' 내에서 새롭게 규정되어야 했던 것이다(김철우, 2000; 조선로동당출판사, 2006).

이러한 이론적 변화와 더불어 군이 사회 전체적으로 과거에 비해 훨씬 더 많은 발언권을 가지게 되었고, 사회적 역할이 증대하였다. 이는 물리력, 노동력, 그리고 이데올로기적 능력에 기초하고 있었다. 그리고 군을 사회적인 모범으로 내세우고, 국가 자원을 우선적으로 배분함으로써 국가 체제 등 사회 전반적인 변화를 가져오게 되었다. 일명 '선군사회주의'의 등장이었다. 이처럼 '선군사상'은 단지 하나의 담론이나 슬로건으로 그치지 않고 실제로 북한의 여러 국가정책과 사회정책의 지침으로 작동하였고, 또 그러한 변화를 결과했다. 마치 과거 맑스-레닌주의를 보편적 진리로 인정하면서, 조선의 독자적인 사상과 지침으로서 주체사상을 제기했던 것과 유사한 모습을 보였다. 결국 선군사상은 주체사상을 순수 이데올로기로 하면서, 현실에서 요구하는 실천의 지침으로서 제기되었다고 할 수 있다. 북한 사회에서 또 하나의 실천 이데올로기가 등장한 셈이다.

<그림 4> 주체사상의 순수이데올로기화 과정

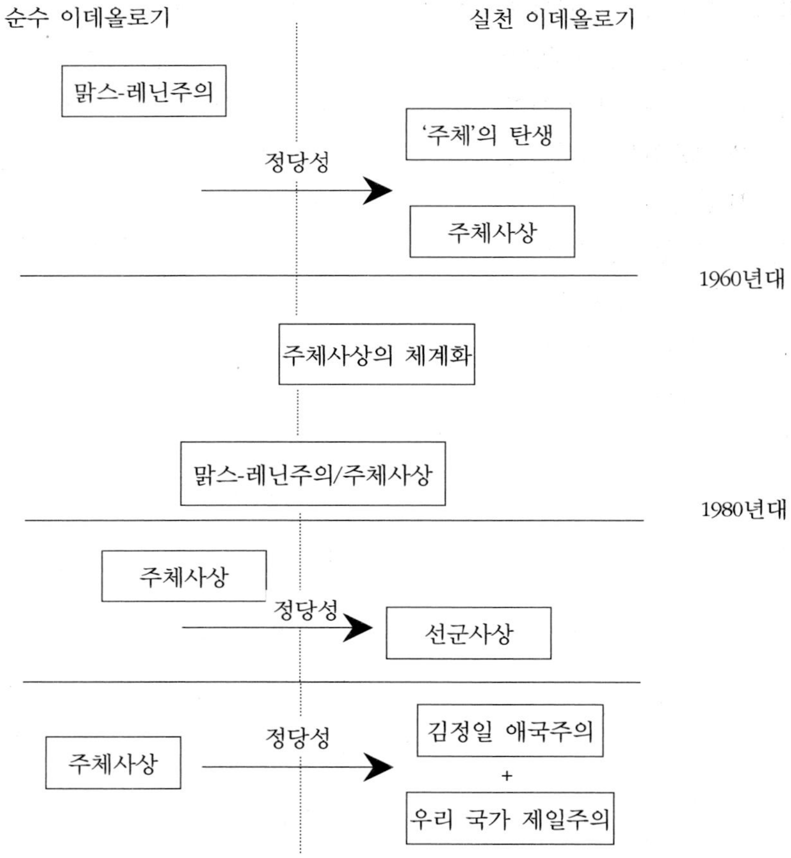

순수 이데올로기 　　　　　　　　　실천 이데올로기

맑스-레닌주의

'주체'의 탄생

정당성

주체사상

─────────────────────────── 1960년대

주체사상의 체계화

맑스-레닌주의/주체사상

─────────────────────────── 1980년대

주체사상

정당성

선군사상

───────────────────────────

주체사상　　정당성　　　김정일 애국주의
　　　　　　　　　　　　　　+
　　　　　　　　　　　우리 국가 제일주의

　1990년대 이후 주체사상은 순수 이데올로기로서 작동하면서, 선군사상이 등장할 수 있는 철학적, 이론적 정당성을 제공하였다. 그리고 마침내 2004년 새로운 주체사상 교과서에서는 그 추상성과 보편성이 더욱 강화된 형태로 나타났다. 맑스-레닌주의와의 결별을 선언하면서 주체사상만이 과학이자 진리로 규정되었고, 이에 기초하여 1990년대에는 새로운 시대에 맞는 새로운 사상으로서 선군사상이 제시되었다. 김정

일 사망 이후, 선군사상이 지도사상으로 추가되었지만 이는 선군사상
의 순수 이데올로기화라기보다는 실천 이데올로기로서 '당의 지침'으로
규정된 것으로 보인다.[22] 이는 마치 맑스-레닌주의를 보편적 진리로,
그리고 이에 기초하여 중국에서 모택동주의 혹은 북한에서의 주체사상이
실질적인 지도사상으로서 작동한 것과 같은 모습이라고 할 수 있다.[23]

4. 나가며

2012년의 김정은의 공식 집권 이후, 아직까지 김정은의 독자적인 사
상적, 이론적 지침은 보이지 않는다. 아니 당분간은 독자적인 지침이
등장하지 않을 것으로 예상된다. 이미 2012년 당대표자회를 통해 주체
사상과 선군사상을 지도사상으로 정립하고, 그에 따른 통치가 이루어
지고 있기 때문이다. 물론, 선군사상이 지도사상으로 규정되었지만, 그
정책의 내용은 선군과 동시에 인민생활 향상이 더욱 비중 있게 제기되
고 있는 것으로 보인다. 이러한 모습은 김정은 시대에 선군사상에 대한

---

[22] 물론 여기에는 '선대 수령'의 사상의 계승이라는 정치적 기획이 숨어있다. 오
늘날 김정은의 선군정치 계승의 정치적, 사상적 정당성의 뿌리이자, 동시에
여전히 선군사상에 근거한 '안보'와 '발전'의 추구라는 현실적 과제가 놓여있기
때문이다.

[23] 이와 함께 주목할 것은 '김일성-김정일주의'의 규정이다. 그러나 이 규정은 철
학적 규정이라기보다는 정치담론(정치슬로건)으로서의 규정이 더욱 강하다.
즉, 주체사상의 창시와 그 발전 그리고 선군사상으로 이어지는 일련의 흐름을
'김일성-김정일주의'로 정식화하고, 선대 수령의 사상을 충실히 계승하겠다는
정치적 기획이라 할 수 있다. 엄격히 말하면, 김일성주의는 주체사상을 중심
으로 하는 김일성의 사상과 이론, 방법이라 할 수 있고, 김정일주의는 선군사
상을 중심으로 하는 김정일의 사상과 이론, 방법이라 할 수 있다. 그리고 이
모두를 지도사상으로 올려놓음으로써 선대 수령의 사상적 업적을 통합한 것
이라고 할 수 있다. 이런 점에서 김일성-김정일주의를 순수이데올로기화하는
것은 앞으로 김정은의 새로운 사상이 나타난 이후에야 등장할 것으로 평가된다.

해석의 변화를 추구할 것임을 암시한다. 즉, 과거 '안보'를 중심에 놓는 해석이 우위에 있었다면, 이제는 안보와 함께 '발전'을 더욱 중심에 놓는 해석이 강조될 것으로 보인다. 그리고 이는 김정은 시대의 새로운 실천 이데올로기를 정립하는 과정의 출발점이 될 수 있을 것이다. 그러나 현재까지는 이러한 모습이 구체적으로 드러나지는 않고 있다. 앞서 말했듯이, 선군의 연장선에서 안보와 발전을 동시에 강조하는 것이 김정은 집권 이후의 지금까지의 모습이라 할 것이다. 이를 반영하듯 김정은 집권 이후, '김정일 애국주의'가 등장하였다. 그러나 '김정일 애국주의'는 독자적인 사상적 지침이나 이론이라기보다는 '계승'에 방점을 두는 정치적 담론에 가깝게 보인다. 제7차 당대회가 있기 전까지의 김정은의 위치가 여전히 김정일 시대의 연장선에 있다는 것을 말해준다. 이는 권력 계승과 함께 여전히 그 정당성을 과거로부터 찾아야하는 조건과 계승자로서의 지위와 역할을 공고히 해야 하는 현실이 접점을 형성하고 있음을 의미한다. 그리고 스스로가 공언했듯이 충실한 선군의 계승자로서 그리고 앞으로의 경제 발전의 과제를 성과적으로 수행해야 하는 조건에서 새로운 사상의 제기는 오랫동안의 성과가 축적된 이후에야 가능할 것이다. 그리고 그것은 순수 이데올로기로서 주체사상의 추상성이 더욱 높아지고, 실천의 지침으로서 실천 이데올로기는 '발전의 국면' 혹은 '시대의 발전'에 따라 요구되는 구체성을 더욱 강화하게 될 것이다. 이렇게 되면 주체사상은 새로운 실천 이데올로기에 정당성을 부여하는 '마르지 않는 샘'으로서 기능할 가능성이 높다고 하겠다. 그것은 북한에서 새로운 실천 이데올로기는 주체사상으로부터 그 정당성을 부여받아야 하기 때문이다.

다른 한편, 북한에서의 이러한 사상적 지형의 형성과 변화는 여러 가지의 해석을 가능하게 된다. 즉, 새로운 시대에 요청되는 '현실'의 지침이 언제든지 새롭게 등장할 수 있다는 점이다. 그리고 이는 오늘날 '병진노선'에도 불구하고 '인민생활' 향상에 사실상의 강조를 두고 있는 정책에 정당성을 부여할 수 있으며, 나아가서는 개혁·개방 혹은 북한식 세계화에 대응하는 훨씬 더 유연화된 지침이 등장할 수도 있음을 의미한다. 주체사상의 추상화가 높아질수록 해석의 유연성은 더욱 강화될 것이다. 일찍이 케네스 퀴노네스는 주체사상이 개혁·개방에 요구되는 해석의 유연성을 발휘할 수 있음을 지적하였다(퀴노네스, 2002). 오늘날 북한의 사상적 지형은 이러한 가능성이 더욱 높아지고 있음을 말해 준다. '공산주의'를 삭제하는 대신, '강성국가' 건설이라는 현실적 목표를 설정하고 있는 현실의 모습도 그 표현일 것이다. 주체와 주체사상을 말하지만, 현실에서는 훨씬 더 실용적이고 구체화된 정책을 제시하고 있는 것이 지금의 모습이라 할 것이다. 주체사상을 '순수'의 영역으로 올려놓고, 지금 당장 자신들에게 필요한 '정책의 현실성'을 추구하는 것이 오늘날의 북한의 모습인 것이다.

추가하자면, 2018년부터 북한은 '우리 국가 제일주의'를 내놓고, 이를 강조하고 있다. 아직까지 '우리 국가 제일주의'의 정확한 의도와 기획을 파악하기는 어렵다. 남북관계의 변화라는 측면에서 보자면, 한반도에 현실적으로 두 개의 국가가 공존하고 있으며, 이런 현실에서 북한이 독자적인 국가적 발전을 더욱 강화하고 있다는 해석이 가능할 것이다. 이데올로기적인 측면에서 보자면, 과거 '우리 민족 제일주의'의 김정은 시대의 새로운 슬로건으로서 해석할 수도 있을 것이다. 실제 북한의 매체는 '우리 국가 제일주의'를 '우리 민족 제일주의'의 계승, 발전이라고 주장하고 있다. 분명한 것은 제7차 당대회 이후, 김정은 시대를 공식적으로 선포한 북한이 김정은 시대의 '실천적 지침'의 하나로서 '국가 제일주의'를 내세우고 있다고 볼 수 있다. 이러한 움직임이 앞으로 어떻게 진행이 될지는 현재로서는 분명하지 않다. 다만, '우리 국가 제일주의'

가 현재 김정은 시대 북한이 추구하고 있는 인민생활 향상을 위한 경제 발전의 강력한 추동력으로 작용하고 있다는 점이다. 이런 점에서 현재의 상황은 새로운 실천이데올로기 즉, 현실의 지침으로서 북한의 사상적 변화가 점차 그 모습을 드러내는 시점이라고 볼 수 있을 것이다. 김정일 시대의 '선군 이데올로기'가 점차 형식화되고 있는 상황에서 김정은 시대의 '발전'을 위한 실천의 지침으로서 '국가 제일주의'가 등장하고, 작동하고 있는 것이다.

참고문헌

권오윤, "북한의 동원 이데올로기에 관한 연구,"『안보연구』제24집, 1994.

김근식, "김정은 시대의 김일성-김정일주의: 주체사상과 선군사상의 추상
　　화,"『한국과 국제정치』30권 1호, 2014.

김일성, "공산주의 교양에 대하여(1958.11.20),"『김일성저작집 12권』(평양:
　　조선로동당출판사), 1981.

김일성, "조선민주주의인민공화국에서 사회주의건설과 남조선혁명에 대하
　　여(1965.4.14),"『김일성저작집 19권』(평양: 조선로동당출판사), 1982.

김일성, "일본 ≪마이니찌신붕≫편집국장 일행과 한 담화(1975.11.26),"『김
　　일성저작집 30권』(평양: 조선로동당출판사), 1985.

김정일, "당사업을 근본적으로 개선강화하여 온 사회의 김일성주의화를
　　힘있게 다그치자(1974.8.2),"『주체혁명위업의 완성을 위하여 3』(평
　　양: 조선로동당출판사), 1987.

김정일, "김일성주의의 독창성을 옳게 인식할데 대하여(1976.10.2),"『김정
　　일선집 5권』(평양: 조선로동당출판사), 1996.

김정일, "주체사상에 대하여(1982.3.31),"『김정일선집(증보판) 9권』(평양: 조
　　선로동당출판사), 2011a.

김정일, "주체사상 교양에서 제기되는 몇가지 문제에 대하여(1986.7.15),"『김
　　정일선집 11권』(평양: 조선로동당출판사), 2011b.

김정일, "사회주의는 과학이다(1994.11.1),"『김정일선집 13권』(평양: 조선로
　　동당출판사), 1998.

김정일, "주체철학은 독창적인 혁명철학이다(1996.7.26),"『김정일선집 14권』
　　(평양: 조선로동당출판사), 2000.

김철우, 『김정일장군의 선군정치』(평양: 평양출판사), 2000.

방인혁, 『한국의 변혁운동과 사상논쟁』(서울: 소나무), 2009.

이태섭, "1990년대 북한의 경제위기와 군사체제로의 전환에 관한 연구,"
　　『통일부 신진학자 연구 논문 모음집』(서울: 통일부), 2002.

정영철, 『김정일리더십연구』(서울: 선인), 2005.

정영철, "미국에서의 북한 연구: 냉전의 재생산,"『현대북한연구』13권 1호,
　　2010.

조선로동당중앙위원회 당력사연구소, 『조선로동당력사』(평양: 조선로동당
　　　　출판사), 2004.

조선로동당출판사, 『우리 당의 선군정치』(평양: 조선로동당출판사), 2006.

주체철학교과서집필조, 『주체철학: 대학용』(평양: 김일성종합대학출판사),
　　　　2004.

케네스 퀴노네스, "Beyond Collapse - Continuity and Change in North Korea,"
　　　　이홍환 편저, 『부시 행정부와 북한』(서울: 삼인), 2002.

한형식, 『맑스주의 역사강의』(서울: 그린비), 2010.

Lowenthal, Richard, "Development vs. Utopia in Communist Policy," Chalmers
　　　　Johnson, ed., *Change in Communist Systems*(Stanford: Stanford Univ.
　　　　Press), 1970.

Schurman, Franz, *Ideology and Organization in Communist China*(Berkely, LA,
　　　　London: Univ. of California Press), 1966.

Wallace, Anthony, *Culture and Personality*(New York: Random House), 1970.

2

북한 화폐경제 변화 연구

1. 들어가며

2014년 북한 당국은 '사회주의기업책임관리제'를 도입했다. 본 논문은 '사회주의기업책임관리제' 실시에 따른 북한 경제의 생산과정과 화폐플로우(money flow)를 중점 탐구한다. 이를 바탕으로 김정은 집권 이후 북한 화폐경제(monetary economy, 또는 화폐생산경제 monetary economy of production)의 특징을 분석한다.[1]

'사회주의기업책임관리제' 실시 이후는 물론 이전에도 북한 경제는 화폐경제였다. 북한에서도 생산은 화폐에서 시작해서 화폐로 끝난다. 때문에 화폐가 풍부하거나 그 회전이 원활하면 생산이 활발해지고 반대의 경우에는 생산이 지체된다. 북한 화폐는 기업의 의사결정에 영향을 미칠 뿐만 아니라, 실질산출량(real output)에 작용하는 실물적 현상(real phenomenon)이다. 즉 비중립적(non-neutral)이다. 케인스(John Maynard

---

[1] 북한 경제구조와 그 변화 양상을 완결적으로 이해하기 위해서는 '스톡-플로우 일관 모형'(Stock-Flow Consistent Model, 이하 "SFC 모형")의 구축이 필요하다. SFC 모형은 국민계정(National Accounts)에 기초한 경제모형과 같은 부류로 분류된다. 북한 경제 전체를 대상으로 한 재무상태표(balance sheet, 북한 용어로는 '재정상태표')와 '스톡-플로우 일관 행렬'(Stock-Flow Consistent Matrix)은 SFC 모형의 회계적 기반이다. 그러나 이에 대한 논의는 다음 연구 과제로 남겨두기로 한다.

Keynes)는 화폐경제를 다음과 같이 정의한다.

> 나는 화폐가 주요 구성 성분이며 동기와 결정에 영향을 미치는 경제, 간단히 말해서 화폐가 상황의 조작적 요소이므로 처음부터 마지막에 이르기까지 화폐가 어떻게 행동하는지 알지 못하고서는 단기이건 장기이건 간에 사건의 전개과정을 예측할 수 없는 [실물교환경제(real exchange economy)와 대비되는] 그런 경제를 다루는 이론을 원한다. 화폐경제는 바로 이 같은 경제를 의미한다(Keynes, 1973: 408-409).

물론 북한의 화폐경제의 정도는 여타 자본주의 나라에 비해 크게 뒤떨어진다. 명명하자면 '제한적인'(restrained) 화폐경제라고 할 수 있다(김기헌, 2018: 17).

본 논문은 우선 '사회주의기업책임관리제'를 분석한다. '사회주의기업책임관리제'는 북한 기업의 경영 방식은 물론, '계획'(planning) 체계와 방법, 화폐·재정 제도, 무역 제도 등 광범위한 영역에 걸쳐 '개혁'을 추구한다. 본 논문은 이중에서도 화폐·재정 제도의 개혁에 논의를 집중한다. 본 논문의 연구 대상은 어디까지나 북한의 '공식적인' 제도이다. 이로부터 본 논문은 북한의 공식 간행물, 그 중에서도 북한의 경제분야 학술지인 『경제연구』와 『김일성종합대학교 학보, 철학·경제학』 등을 기본 자료로 삼고 있다. 『경제연구』와 『김일성종합대학교 학보, 철학·경제학』은 연 4회 발행되는 계간지로서 매시기 북한 경제 정책에 대한 해설, 또는 선전 등이 논의의 중심을 이룬다. 사실 본 논문은 거시적 측면에서 북한 경제를 조망할 뿐만 아니라 공식적인 제도의 '산물'인 화폐를 다루기 때문에, 북한의 공식 간행물에 많이 의존할 수밖에 없다. 물론 양문수(2009: 7-8)도 지적했듯이, 공식 간행물 분석이 충분조건은 아니다. 그러나 절대적으로 필요한 조건임은 분명하다.

2. 북한 경제제도의 변화

1) '사회주의기업책임관리제' 실시

북한에서 '사회주의기업책임관리제'는 2014년 11월 5일 「조선민주주의인민공화국 기업소법」[2](이하 '기업소법') 개정을 통해 법적으로 명문화된다. 개정 기업소법 제29조는 다음과 같이 규정하고 있다. "기업소의 경영권을 행사하는것은 사회주의기업책임관리제를 정확히 실시하기 위한 중요요구이다. 기업소는 사회주의적소유에 기초한 실제적인 경영권을 가지고 기업활동을 주동적으로, 창발적으로 하여 자기의 임무를 원만히 수행하며 종업원들이 생산과 관리에서 주인으로서의 책임과 역할을 다하도록 하여야 한다"(조선민주주의인민공화국 내각법규위원회, 2016: 289).[3] 김정은(2015, 12)은 2015년 12월 13일 "재정은행사업에서 전환을 일으켜 강성국가건설을 힘있게 다그치자(전국재정은행일군대회 참가들에게 보낸 서한)"(이하 '2015년 12월 서한')에서 "사회주의기업책임관리제의 요구에 맞게 기업체들의 재정관리사업을 개선하여야 합니다."라며 '사회주의기업책임관리제'를 공식화한다. '사회주의기업책임관리제'는 2016년 5월 7일 김정은의 조선로동당 제7차대회 중앙위원회 사업 총화 보고에서도 강조된다.

북한 당국은 1961년 사회주의 제도의 수립을 선언한다. 이후 북한은

---

[2] 「조선민주주의인민공화국 기업소법」은 2010년 11월 1일 최고인민회의 상임위원회 정령 제1194호로 제정된다.

[3] 기업소법 개정 다음 해인 2015년의 『경제연구』를 비롯, 북한 공식 간행물을 보면, '사회주의기업책임관리제' 용어가 쓰이고 있지는 않지만 '국가의 전략적 경제관리', '주문·계약에 의한 계획화' 등 그 핵심 내용은 여러 측면에서 논의된다(김남웅, 2015; 김성철, 2015; 박혜경, 2015; 송정남, 2015; 장명식, 2015; 한명성, 2015; 허광진, 2015).

'사회주의 완전 승리', 즉 공산주의 낮은 단계의 실현을 '사회주의 과도기'(socialist transition)의 새로운 전략적 목표로 제시한다. '대안의 사업체계'와 '계획의 일원화·세부화', '유일적자금공급체계', 무역의 국가 독점 등 북한 특유의 여러 '고전적'(classical) 제도들이 이 시기에 도입된다. 이 제도들은 북한의 고전적 사회주의 경제체제의 지주(pillar), 다시 말해 핵심적 구성요소이다. 하지만 1993년 제3차 7개년계획이 실패하면서 '사회주의 완전 승리'를 향한 북한의 실험도 막을 내린다. 그렇지만 '고전적' 제도들은 1990년대 중반의 '생산 붕괴'와 2002년 7.1 경제관리개선조치 등을 거치면서도 일부 변형되기는 했지만, 적어도 '공식 영역'에서는 여전히 건재했다(김기헌, 2018: 9-10). 그런데 김정은 이후 북한 당국은 '사회주의기업책임관리제'를 앞세워 이 같은 '고전적' 제도들을 해체하거나 대폭적인 수정에 나서고 있다.

'사회주의기업책임관리제'가 실시된 지금 북한 기업은 '계획권'과 '생산조직권', '제품개발권', '품질관리권', '인재관리권', '무역과 합영, 합작권', '재정관리권', '생산물의 가격제정권과 판매권' 등을 독자적으로 행사할 수 있게 되었다(조선민주주의인민공화국 내각법규위원회, 2016: 289-290). 계춘봉(2016: 13)은 제도 도입의 배경을 다음과 같이 설명한다. "중앙집권적지도를 강화한다고 하면서 기업체가 자체로 책임지고 창발적으로 할 수 있는 문제까지 중앙에서 다 걷어쥐고 자기도 하지 못하면서 남도 할 수 없게 아래를 얽어매고 창발성을 억제한다면 국가적 부담은 더 커지고 국가의 중앙집권적규률도 세울 수 없다."

이제 국가는 전략적 경제관리에 집중하고 기업 경영은 기업이 '실질적으로' 책임지도록 한 것이다. 기업의 독자성과 자율성을 확대하는 방향에서 국가와 기업간 역할 조정이 이루어지고 있다. 북한 경제학자 송정남은 이렇게 강조한다.

지난 시기에는 기업체들이 상대적독자성을 가지고 관리운영되였
지만 실제적인 경영권은 국가가 틀어쥐고 행사함으로써 기업체의 경
영활동의 많은 측면들이 국가에 의하여 진행되게 되였으며 기업체의
국가의존도는 대단히 높았다. 기업체들은 국가가 대주어야 계획을
수행하였으며 국가가 대주지 못하면 아무런 책임도 지지 않게 되여
있었다.
　　국가의 전략적경제관리에서는 (…) 집단주의적원칙에서 독자적으
로, 창발적으로 기업활동을 하게 되여있다. 여기서 국가는 기업체들
이 실질적인 경영권을 행사하는데 맞게 환경과 조건을 마련하여주는
방법으로 전략적관리를 실현한다(송정남, 2015: 15-16).

　　국가와 기업의 역할이 어떻게 조정되고 있는지, '계획'의 변천을 통해
보다 구체적으로 살펴보자. '계획'은 생산수단의 소유와 더불어 사회주
의 경제의 정체성을 규정짓는 핵심 요소이다. 계획 시스템은 크게 보아
체계와 방법으로 구성된다. 북한의 '고전적' 계획화 체계는 '계획의 일
원화와 세부화'로 대표된다. '계획의 일원화'는 "성, 중앙 기관들과 도인
민위원회, 도농촌경리위원회를 비롯한 각급 기관들과 공장, 기업소들의
계획부서를 국가계획위원회의 팔다리로, 세포로 규정하고 국가계획기
관들과 성, 기업소 계획부서들과의 련계를 더욱 밀접히 하며 성, 기업
소 계획부서들에 대한 국가계획기관들의 지도를 강화"(김일성, 1988: 393)
하는 것을 의미한다. '계획의 세부화'는 "부속품이나 양의 적고 소소한
지표들을 포함하여 생산 활동의 모든 지표들을 국가 계획 안에 포괄하
여 그 세부에 이르기까지 현물 지표별로, 양적으로, 시간적으로 빈틈없
이 세밀하게 맞물리도록 (…) 큰 지표에서부터 작고 소소한 세부 지표
에 이르기까지 모든 경제 활동이 전면적으로 빠짐없이 다 국가 계획으
로 지표화되어 법적 의무화"(이정철, 2002: 96)되도록 한다.
　　고전적 계획화 방법은 네 단계를 거친다. 1단계: 기업은 예비숫자를

작성, 국가계획위원회에 제출한다. 2단계: 국가계획위원회는 예비숫자를 바탕으로 통제숫자를 작성, 당과 내각의 승인을 받은 후 각 기업에 시달한다. 3단계: 기업은 통제숫자를 보장하는 원칙 아래 계획 초안을 만든다. 4단계: 내각은 기업의 계획 초안을 취합·정리, 최고인민회의에 비준을 요청한다. 비준된 계획은 법적 성격을 지닌다. 단 한 자도 고칠 수 없으며 무조건 집행해야 한다. 이와 같이 북한의 과거 '계획'은 한마디로 강력한 중앙집권에 기초한 명령식 체제였다. 그리고 북한 내에서 생산된 거의 모든 생산물을 망라했다. 여기서 기업의 자율성은 찾아보려야 찾아볼 수 없다.

'계획'은 '사회주의기업책임관리제' 도입 이후 크게 바뀐다(강성남, 2016; 김경옥, 2017; 김성철, 2015; 림태성, 2016; 박혜경, 2015; 장명식, 2015; 최용남, 2016 등). 가히 전면적인 수술이라 해도 과언이 아니다. 우선 계획 지표를 크게 세 부류로 나눈다. 전력, 석탄, 금속, 화학제품 등 경제에서 전략적 의의를 가지는 생산재와 중요한 의의를 가지는 소비재는 '중앙지표'로, 그 외 재화는 '지방지표'와 '기업소지표'로 범주화한다. '중앙지표'는 기존의 4단계 계획화 방법에 따라 계획한다. 그러나 '지방지표'와 '기업소지표'의 경우에는 사실상(de facto) '계획'을 폐기한다. 재화의 생산량과 가격, 판매처는 물론 자재의 구매처와 구매량 등도 기업 스스로 자율적으로 정한다. 북한 당국은 이를 '주문·계약에 의한 계획화 방법'으로 명명한다. 중앙지표를 생산하는 기업도 할당량을 완수하면 그 외의 생산량에 대해서는 '주문·계약에 의한 계획화 방법'을 적용할 수 있다. 바야흐로 생산재 시장, 즉 B2B(business to business)가 북한에서도 허용된 것이다. 지금 북한에서는 '계획'의 상당부분이 이 같은 시장으로 대체되었다.

북한에는 이미 500여개의 '장마당'이 존재한다. 하지만 '장마당'은 지역별 소비재 시장에 불과하다. '장마당'간 연계는 약한 편이다. 서로 분절되어 있다. 때문에 '장마당'을 두고 전국적 단일 시장이라고 할 수는 없다. 생산재 시장은 이와는 다르다. 이 시장은 본성적으로 전국적 단일 시장이다. 그런 의미에서 볼 때, 북한 경제의 시장경제화는 이제부터, 즉 '사회주의기업책임관리제' 실시 이후 국가 주도로 본격화되고 있다고 할 수 있다. 정영철(2019: 149)은 이를 국가에 의한 시장의 '조직-재조직', 즉 1990년대 이래로 발생한 시장을 국가가 위로부터 재조직화하고 있는 것으로 이해한다.

2) 화폐 · 재정 제도의 변화

북한 당국은 '사회주의기업책임관리제' 실시와 함께, 이를 뒷받침하기 위해 화폐 · 재정 제도도 전면적으로 '개혁'하고 있다. 첫째, 가장 눈에 띄는 것은 상업은행 신설이다.[4] '고전적' 북한 경제에서 중앙은행은 본점과 도, 시 · 군에 1개씩 존재하는 지점으로 구성된다. 각 기업들은 자신의 주소지 중앙은행 지점에 1개의 기본 계좌와 보조 계좌를 개설한 다음, 기본 계좌를 통해 정부 공급 '자금'(capital)과 중앙은행 대여금 수령, '국가납부금' 등의 납부, 기업간 자금 결제, 현금 출납, 이자 지급 등과 같은 화폐 거래를 수행한다(강창남 외, 2010: 275). 가계의 '저금'(time deposit) 계좌도 중앙은행 지점에 개설된다(리상조, 1994: 37). 이렇듯 중앙은행 지점은 해당 지역 화폐 운동의 중심이다. 또한 북한 정부는 중앙은행 지점을 통해 기업을 재정적으로 통제한다. 이를 '원에 의한 통제'라고 부른다(김소영, 2001: 29).

북한 당국은 '사회주의기업책임관리제'를 실시하면서 중앙은행 지점을 중앙은행에서 분리, 상업은행화 하였다(고금혁, 2016: 130). 상업은행

---

[4] 김정은은 '2015년 12월 서한'에서 상업은행 신설을 공식화한다.

은 중앙은행 지점과 같이 여전히 국가기관이다. 상업은행은 중앙은행 지점의 기능을 그대로 이어받았다.[5] 기업에 대한 대여는 이제 상업은행이 담당한다. "상업은행은 자기의 사명에 따라 확보된 자금을 기본원천으로 하여 기업체들에 대부를 준다."(고금혁, 2016: 131) 그러나 상업은행은 중앙은행 지점과 달리 '독립채산제'로 운영된다. 자체 수입으로 지출을 충당해야 한다. 북한 당국은 이를 '금융기관 채산제'로 명명한다(김정은, 2015: 15-16). 상업은행이 도입됨에 따라, 이제는 북한 중앙은행도 발권 은행과 은행의 은행, 정부의 은행 등 중앙은행 본연의 기능만을 수행한다. 본원통화(high-powered money)도 이제는 현금(cash)과 상업은행이 보유한 지급준비금(reserve)[6]로 구성된다. 그 전에는 현금만이 본원통화였다. 김정은은 '2015년 12월 서한'에서 상업은행이 준수하여야 할 정책적 요구로 세 가지를 제시한다.

> [상업은행들은] 예금과 대부, 결제방법과 리자률공간을 다양하게 활용하여 자체의 자금원천으로 해당 지역의 자금수요를 보장하고 수지균형을 맞추며 화폐 은행을 중심으로 원활하게 류통되도록 하여야 합니다.

---

[5] 북한 경제학자 고금혁(2016: 130)은 다음과 같이 강조한다. "사회주의사회에서 상업은행은 자기 지역에서의 통화조절사업과 국가재산에 대한 관리를 비롯하여 인민경제발전을 자금적으로 담보하고 기업활동을 개선하도록 통제하는 국가기관으로서의 사명과 임무를 수행한다. 사회주의사회에서 상업은행은 인민경제계획수행을 자금적으로 확고히 담보하고 국가예산이 바로 집행되도록 하며 기관, 기업소들에서 사회주의적경리를 옳게 운영해나가도록 한다. 그리고 예금과 대부 등의 여러가지 신용공간을 통하여 인민경제 모든 부문 기관, 기업소들의 유휴화폐자금을 집중시키고 인민경제전반에서 그것을 효과적으로 리용하면서 나라의 전반적 화폐류통을 공고히 하도록 한다."

[6] 2006년 제정, 2015년 개정된 「조선민주주의인민공화국 상업은행법」은 지급준비금의 보유(제20조)와 중앙은행 적립(제21조)을 상업은행의 의무 사항으로 규정하고 있다(조선민주주의인민공화국 내각법규위원회, 2016: 444).

북한 화폐경제 변화 연구 51

(...) 저금사업에서 신용을 철저히 지켜야 합니다. 지금 저금사업이 잘되지 않는 기본원인이 바로 은행기관들이 주민들과의 거래에서 신용을 지키지 않는데 있습니다. 상업은행들은 주민들과의 신용을 법으로 여기고 어김없이 지키며 다양한 저금형식과 방법을 받아들이고 개인저금의 비밀을 엄수하여 저금사업이 활기있게 진행되도록 하여야 합니다.

(...) 원에 의한 통제를 강화하여 기관, 기업소들이 경영활동을 실리보장의 원칙에서 개선하며 온갖 랑비현상을 없애고 살림살이를 깐지게 해나가도록 추동하여야 합니다(김정은, 2015: 16-17).

둘째, '국가납부금' 제도에 대한 수술을 단행한다. 과거 북한에서는 '거래수입금'과 '국가기업리익금' 즉, '국가납부금'과[7], '부동산사용료' 등 국가 몫의 원천은 '사회순소득(m)'이었다. '사회순소득'은 잉여가치(surplus value)의 북한식 표현이다. 생산물의 가치에서 생산과정에서 소모된 생산재의 가치(c)와 노동력의 가치(v)를 공제한 나머지가 '사회순소득'이다. 달리 표현하면, '사회순소득'은 판매수입에서 원가, 즉 감가상각금과 자재비, '생활비'(wage) 등 생산과정에서 지출된 모든 비용을 보전하고 남은 금액을 가리킨다.

'기업소순소득'은 '사회순소득'과는 다르다. '사회순소득'에서 '거래수입금'과 '부동산사용료' 등을 제외한 것이 '기업소소득'이다. '거래수입금'은 소비재의 '기업소가격'에 덧붙여지는 일정 비율의 금액이다(오선희, 1994: 37). 일종의 부가가치세(value added tax)라고 할 수 있다. '부동산

---

[7] 중앙단위 기업은 주소지 시·군 인민위원회에 이윤의 일부를 납부한다. 이를 '지방유지금'(local levy)라고 한다. 해당 인민위원회는 '지방유지금'을 '국가기업리익금' 항목에 포함시킨다(강일룡, 2016: 41; 조선민주주의인민공화국 내각 법규위원회, 2016: 888). 이로부터 이하에서도 '지방유지금'을 '국가기업리익금'에 포함시켜 논의한다.

사용료'는 정부가 산정한 부동산 가격을 기초로 정부가 정한다(김광길, 2012: 105; 허진욱, 2013: 123). 결국 '기업소순소득'은 판매수입에서 생산비용과 '거래수입금', '부동산사용료' 등을 제외한 나머지로 기업의 이윤을 의미한다. 한편 북한에서도 '거래수입금'은 부가가치세처럼 '간접적으로' 징수된다. 형태적으로는 기업이 납부하지만 실제로는 가계가 담당한다.

'사회주의기업책임관리제' 실시 이전 '사회순소득'의 분배 과정을 살펴보면, 기업은 '사회순소득'에서 '거래수입금'과 '부동산사용료' 등을 납부했다. 또한 남은 금액, 즉 이윤 가운데 상당 부분도 '국가기업리익금' 등의 명목으로 정부에 납부했다(홍성남, 2012: 120; 허진욱, 2013: 120). 이들 국가 몫을 공제하고 남은 '사회순소득'은 기업의 몫이다. 북한에서는 이를 '자체충당금'(self-contained fund)이라고 부른다. '자체충당금'은 "기업소의 생산확대와 함께 종업원들의 문화후생사업, 추가적로동보수['생활비'외 지급하는 상여금 등]자금으로 분배리용"(홍성남, 2012: 120)된다.

'사회주의기업책임관리제'를 실시하면서 북한 당국은 우선 '국가납부금' 가운데 '국가기업리익금'의 부과대상을 변경한다. 위에서 살펴보았듯이, 이전에는 이윤인 '기업소순소득'을 대상으로 '국가기업리익금'을 부과했다. 그러나 이제는 소득(v+m)[8]에서 '거래수입금'과 '부동산사용료' 등을 제한 금액, 즉 '생활비'와 이윤을 합한 자금이 '국가기업리익금' 부과 대상이다. 기업은 '사회순소득'으로부터 '거래수입금'과 '부동산사용료' 등을 정부에 납부한다. 이어 '생활비'와 이윤을 합한 금액에서 '국가기업리익금'을 납부한다(박혁, 2016: 36; 이석기 외, 2018: 112-119; 조

---

[8] 북한에서 국민소득(national income)은 이 같은 개별 기업 소득의 총합을 의미한다(정광영, 2013: 110).

선민주주의인민공화국 내각법규위원회, 2016: 887; 최용남, 2018: 85).
이전 '국가기업리익금'이 법인세(corporate tax)적인 성격이 강했다면, 현재는 노동자를 대상으로 한 일종의 소득세(income tax)적인 성격도 갖고 있다. 북한은 1974년 소득세를 폐지했다. 그러나 이 같은 '국가기업리익금' 부과 대상의 확대는 사실상 소득세의 부활로도 해석할 수 있다. 다만 이윤에 대한 '국가기업리익금'의 징수는 직접적으로 행해지지만, '생활비'의 경우에는 간접적으로 이루어진다. 기업은 그 만큼 차감한 '생활비'를 가계에 지급한다.

  '기업소순소득'이 '국가기업리익금'의 부과대상일 때 '생활비'는 재생산을 위한 보전 비용으로 간주된다. 이로부터 소득에서 '생활비'가 '국가납부금' 등 국가 몫 보다 앞서 분배되었다. 북한 당국은 '국가기업리익금'의 원천 등을 변경하면서 소득 분배의 순서도 바꾸었다. 지금 북한에서는 '국가몫'과 '자체충당금', '생활비' 순서로 소득 분배가 이루어진다(박혁, 2016: 36; 오영애, 2014: 42; 최용남, 2018: 85). 즉, 이전에는 '생활비'를 우선 지급했으나 이제는 '국가납부금'과 '부동산사용료' 등 '국가몫'을 먼저 납부한다. 그 결과 정부 재정 수입은 과거 보다 상당히 안정될 것이다. 또한 이는 노동자들로 하여금 소득 창출에 보다 큰 이해관계를 갖게 할 것이다. 북한 문헌에 따르면 '자체충당금'은 "지난 3년 평균계획수준에서 확정하는것을 기본으로 하면서 3년 평균계획에 없던 내용들이 새롭게 제기되거나 이미 있던 항목에서 계획년도에 예견하지 않아도 되는 것과 같은 내용을 고려하여 타산"(박혁, 2016: 36)한다. '자체충당금'도 '생활비'보다 먼저 분배될 뿐만 아니라, 이처럼 그 금액 역시 과거 3년 평균치를 기준으로 산정된다. 따라서 이제부터 북한 노동자들은 기업의 소득이 목표에 미달하면 약속된 '생활비'보다 적은 금액을 지급받게 된다. 과거에는 '사회순소득'이 영(零)이라 할지라도 '생활비'는 계획대로 지급되었다. 그러나 북한 경제학자 박혁(2016: 36)이 강조한 것처럼, "이 방법은 사회주의기업책임관리제의 견지에서 볼 때 근로자들이 생산활동에서 주인으로서의 책임과 역할을 다하도록 하는데 일정한 제한성이 있"을 수밖에 없었다.9) 북한 당국이 '국가납부금'제도를 바꾼 이유를 이해할 수 있는 지점이다.

셋째, 기업에 대한 정부의 '자금공급'10) 방법을 변경한다. 이전까지 북한 정부는 그 해 징수한 '국가납부금' 등으로 그 해 '자금공급'을 보장하는 '선 징수, 후 공급' 방식을 고수했다. 북한 경제학자 김정혁(2014: 40)은 다음과 같이 강조한다. "예산수입과 지출의 총괄적인 균형보장에서 나서는 중요한 방법론적 원칙은 (...) 수입의 규모에 지출을 따라세우는 것이다. (...) 예산자금의 균형은 지출이 아니라 수입을 먼저 규정하고 수입에 지출을 맞추어나가는 방법으로 보장되여야 한다." 이 방식 하에서는 '국가납부금' 등이 목표에 미달하면 '자금공급'도 줄어든다.

'사회주의기업책임관리제' 실시와 함께 새로 도입된 '자금공급' 방식은 "재정기관이 예산자금공급한도를 세우고 그에 기초하여 중앙은행이 자금을 공급하는 방법"이다. "[북한 정부는] 예산자금을 공급받는 단위들에 한도만을 세워주고 해당단위에서 실지 자금을 쓸 때에 자금이 지출"된다(림태성, 2015: 50-51). 이 방식이 정착되면, 당연히 '자금공급'의 안정성은 크게 높아질 것이다.

북한에서 재정 운용의 근본 원칙은 균형재정이다. 북한 문헌에 따르

---

9) '국가납부금' 제도의 개혁은 2011.11.8. 최고인민회의 상임위원회 정령 제1945호로 개정된 「조선민주주의인민공화국 국가예산수입법」에서 처음으로 공식화된다. 이 법 제25조는 다음과 같이 규정하고 있다. "국가기업리익금과 협동단체리익금은 기관, 기업소, 단체에 조성된 리윤 또는 소득의 일부를 국가예산에 동원하는 자금이다. 기관, 기업소, 단체는 리윤 또는 소득의 일부를 소유형태에 따라 국가기업리익금 또는 협동단체리익금으로 국가예산에 납부하여야 한다."(조선민주주의인민공화국 내각법규위원회, 2012: 887).

10) 북한 정부는 재정, 즉 '국가예산자금'에서 기업에 생산에 필요한 '자금'(money capital)을 선대한다. 이를 '자금공급'이라고 한다.

면, "국가예산수지는 균형을 맞추는 것을 목적으로 한다."(김종윤, 2011: 32) 그러나 새로운 '자금공급' 방식은 적자재정의 길을 열어 놓고 있다. 즉, '선 공급, 후 징수'의 이 방식에서 적자재정은 현실적인 가능성으로 존재한다. 중앙은행이 정부 대신 기업에 공급하는 '자금'은 원천으로 보면, 정부가 중앙은행으로부터 빌린 차입금이다. 즉 정부에 대한 중앙은행 대여금이다. 정부는 '국가납부금' 등으로 그것을 상환한다. 공급 "자금"이 징수한 '국가납부금' 등 보다 크면, 재정적자가 발생한다. 당연히 재정적자 재원은 정부에 대한 중앙은행 대여금이다.

'사회주의기업책임관리제'가 실시 중인 현재까지도 국채 발행 소식은 들리지 않는다. 북한 당국은 지금까지 국채를 단 두 차례 1953년과 2003년에만 발행했다. 그마저도 중앙은행은 북한 주민과 해외동포에게만 판매했다(통일부, 2017). 북한에서 적자재정의 수단은 이와 같은 정부에 대한 중앙은행 대여가 유일하다.

넷째, '고전적' 생산과정에서 북한 정부는 기업에 '고정자금'(fixed capital) 뿐만 아니라 '류동자금'(current capital)도 공급했다. '선대자금'(advance) 거의 대부분을 정부가 공급한 것이다(리원경, 1986: 228). '류동자금'의 경우 '사회주의기업책임관리제'가 실시되면서 이제는 중요 기업과 신설 기업의 '류동자금'만 정부가 공급한다. 나머지 기업의 '류동자금'은 상업은행 대여금과 상대적으로 그 비중이 높아진 기업 내 유보 이윤(undistributed firm's profit) 등을 통해 스스로 마련해야 한다. 물론 '고정자금' 상당 부분은 여전히 정부가 공급한다(강철수, 2016: 50-51). 한편 '국가투자고정재산'에 대한 감가상각금의 경우, 이전에는 정부에 납부했으나 이제부터는 기업 내부에 유보한다(정광영, 2014: 55). 이렇듯 전체적으로 보면, 정부에 적게 납부하고 정부로부터 적게 공급받는 구조가 확립되었다. 이로부터 구조적으로 기업 재정 운용의 자율성이 신장되었다. 북한 용어로 하면 '재정관리권'이 강화된 것이다.

다섯째, 기업이 가계로부터 직접 '자금'을 차입하는 것도 허용되었다 (강철수, 2016: 51). 음성적으로 존재하던 사금융이 합법화된 것이다(이석기 외, 2018: 119-121). 기업에 대한 사금융은 일반적으로 자재 조달 과정에서 이루어지는 것으로 알려져 있다. 내용적으로 보면, 일종의 투자라고 할 수도 있다(박영자, 2016: 202). 다음은 2014년 탈북한 남포 출신 40대 남성의 진술이다. 탈북하기 전 기업에서 '로동자' 간부로 재직했다.

> 돈주들 있잖아요. 기업소에서 돈이 없어서 은행에 가서, 북한 은행은 돈이 비어 있으니까. 단위 책임자는 벌이를 해야 기업소 이득이 나니까 자재를 사려고 해도 돈이 없는데. 그러니까 돈이 있는 사람한테 빌리죠. 자기 종업원이나. 빌려 봤자 공장기업소는 빨리 회전되니까. 이자는 없습니다. 왜냐하면 그런 사람을 받는단 말입니다. 돈 많은 사람의 아들을 받아서 그 사람한테서 보호를 받고. 그러면 그 아들은 책임자나 된 것처럼 그러는 거죠(박영자, 2016: 202).

여섯째, 지금 북한 정부는 '나래카드', '전성카드' 등 카드 사용을 독려하고 있다. 이들 카드는 우리의 '티머니카드'(T-money Card)와 같은 충전식 선불카드이다. 외화카드인 '나래카드'는 2010년부터 조선무역은행이 발행한다. 평양 시내 모든 외화상점과 식당, "봉사망"에서 사용 가능하다. 이 카드는 개인의 은행계좌와 연동되지 않는다. 카드 발급 시 어떤 고객정보도 요구하지 않는 등 익명성을 보장해 준다. '전성카드'는 '나래카드'와 달리 내화카드이다. 2015년부터 조선중앙은행이 발행하고 있다(양문수, 2016: 141-142).

화폐·재정 제도 변경에 관한 이상의 논의를 정리하면 〈표 1〉과 같다.

<표 1> 변경 전후 북한 화폐·재정 제도 비교

구분	변경 전	변경 후
정부 재정 운용	균형재정 추구	적자재정 가능
중앙은행	중앙은행과 상업은행 기능 함께 수행	중앙은행 본연의 기능만 수행
국가투자고정재산의 감가상각금	정부에 납부	기업에 유보
국가기업리익금의 부과 대상	기업소순소득(이윤)	소득-거래수입금 (생활비 + 이윤)
소득 분배 순서	생활비 → 국가몫 → 자체충당금	국가몫 → 자체충당금 → 생활비
상업은행		신설(중앙은행 지점을 상업은행으로)
본원통화	현금	현금과 지급준비금
정부에 대한 중앙은행의 대여		신설
지급준비금		상업은행 보유
선대자금	정부 공급 자금의 비중이 높음	정부 공급 자금의 비중이 낮아짐
류동자금	원칙적으로 정부가 공급	신설 및 중요 기업에만 정부가 공급
기업에 대한 가계의 대부	금지	허용
충전식 선불카드		도입

3. 북한 경제의 생산과정과 화폐의 순환

1) 북한 경제의 생산과정

'사회주의기업책임관리제' 실시 이후 북한 경제의 생산과정[11]을 살펴보면, 우선 기업은 생산에 필요한 '화폐자금'(money capital, M), 즉 '선대자금'을 정부의 공급 '자금'과 상업은행 대여금, 기업 내부 유보 이윤, 감가상각금 등으로 마련한다. 필요할 경우, 가계로부터 빌릴 수도 있다.

---

11) '고전적' 북한 경제의 생산과정에 대한 설명은 김기헌(2018: 16-19) 참조.

앞서 보았듯이 정부는 중앙은행으로부터 차입, 기업에 '자금'을 공급한다. '고전적' 북한 경제에서 기업에 대한 중앙은행의 대여는 매우 예외적으로 이루어졌다. 북한 경제학자 리원경(1986: 132, 229, 230)에 따르면, "재생산과정에서 개별적 고리들의 활동이 정체되었을 때", 즉 일시적으로 생산재 구입비가 모자라거나 '생활비몫'(wage fund)이 부족할 때, 기업에 대한 중앙은행 대여가 발생한다. 그러나 상업은행이 신설된 지금, 기업에 대한 상업은행 대여는 더 이상 예외적 현상이 아니다.

기업은 '선대자금'으로 다른 기업에서 생산재(MF)를 구입하고 가계로부터는 노동력(LF)을 확보, 생산활동(F)을 진행한다. MF와 LF는 생산요소(C)를 구성한다. 기업은 가계에 LF 제공의 대가로 '생활비'를 지급한다. 생산물(C')은 이 같은 생산활동의 결과물이다.

이제 기업은 C'를 가계나 다른 기업에 판매한다. 이 과정에서 C'은, 다시 화폐형태, 즉 '화폐자금'(M')으로 전화된다. 그런데 M'은 M보다 더 크다. M'에는 M, 즉 소모된 생산재의 가치(c)와 노동력의 가치(v) 외에도 생산과정에서 창출된 '사회순소득'이 포함되어 있기 때문이다($M'=c+v+m$). C는 C'에 이전된 '고정재산'(fixed capital)의 가치(c_1)와 원부자재 등 유동생산재(current goods of product)의 가치(c_2)로 구성된다.

마지막으로 기업은 M'에서 '거래수입금'을 납부한다. 물론 이는 어디까지나 '형태적으로' 그렇다는 것이다. 앞서 지적한 것처럼 '거래수입금' 납부의 '실질적' 주체는 가계이다. 남은 판매수입, 즉 이윤에서 정부에 '국가기업리익금'과 '부동산사용료' 등을 납부한다. 상업은행 및 가계 대여금도 상환한다. 물론 이자도 함께 지급한다. 남은 이윤 가운데 일부분은 기업 내부에 유보하고 나머지는 가계에 분배한다.[12] c_1도 감가상

---

[12] 기업 또는 상업은행 이윤의 가계 배분은 상여금 지급 등의 형태로 이루어진다. 그런 이유로 북한에서는 이를 '추가적로동보수자금'이라고 한다.

각금 형태로 기업 내부에 유보한다. 정부는 기업이 납부한 '국가기업리익금'과 '거래수입금', '부동산사용료' 등으로 '국가예산자금'을 조성, '자금공급'때 발생한 중앙은행 대여금을 상환한다.

'사회주의기업책임관리제'가 시행 중인 북한 경제의 생산과정을 도식화하면 다음과 같다. 이는 맑스(Karl Marx)의 산업자본 순환 도식과 동일하다.

$$M\text{-}C\cdots P\cdots C'\text{-}M'(M\langle M')$$

2) 북한에서의 화폐플로우

경제 내에서 화폐가 어떻게 행동하는지, 다시 말해 화폐플로우에 대한 체계적 분석이 전제되지 않고서는 화폐경제를 제대로 이해하기는 힘들다. 이 부분에서는 '사회주의기업책임관리제' 실시 이후의 북한 화폐플로우를 규명한다. 이를 위해 경제의 각 부문, 즉 경제주체들의 재무상태표를 활용한다. 재무상태표는 경제주체들의 활동을 화폐적으로 집약해서 보여준다. 일반적으로 경제학은 경제 주체로 가계와 기업, 정부를 상정한다. 그러나 노벨경제학상 수상 연설에서 토빈(Tobin, 1982: 172-173)이 지적한 것처럼, 화폐 공급은 정부와 국민, 또는 은행과 국민 간 거래(transaction)에 따른 결과이다. 따라서 경제 모형은 이 같은 거래도 모형화하는 것이 바람직하다. 이로부터 본 논문은 중앙은행과 상업은행도 경제주체에 포함시킨다. 논의의 편의를 위해서 일단 해외는 제외한다. 즉 폐쇄경제(closed economy)를 가정한다.

가. 기업에 대한 정부의 '자금공급'

2014년 '사회주의기업책임관리제' 실시 이전 북한에서 '자금공급'의 원천은 '국가납부금' 등과 같은 국가의 재정 수입이었다. 북한 당국은 매해 그 해에 징수한 '국가납부금' 등으로 '자금공급'을 시행했다. 그러나 '사회주의기업책임관리제' 실시 이후에는 달라졌다. 앞서 강조했듯이, 이제는 중앙은행이 '자금공급'을 책임진다. 중앙은행이 정부 대신 먼저 기업에 '자금'을 공급하고, 이후 정부가 '국가예산자금', 즉 재정에서 이 '자금'을 중앙은행에 상환한다. 이는 결국 정부가 중앙은행으로부터 '자금'을 차입, 기업에 제공한 다음 '국가납부금' 등을 징수, 중앙은행에 차입금을 상환하는 방식이라 할 수 있다.

이렇게 "자금"이 공급되면, 기업의 '무현금'[13]과 더불어 정부에 대한 중앙은행 대여금도 같이 늘어난다. 기업의 '무현금'은 기업에게는 자산이지만 상업은행에게는 부채이다. 정부에 대한 중앙은행의 대여금은

---

[13] 북한에서 화폐는 '현금'과 '무현금'으로 구성된다. 리원경(1986: 21)에 따르면, "현실적인 화폐[현금]는 상품의 구매자와 판매자가 류통과정에서 처음으로 만났을 때 그것을 매개하는데 필요하지만 이미 기자재공급계획에 의하여 생산물의 공급자와 수급자가 명확히 규정되여있는 조건에서는 필요되지 않는다. (…) 그러므로 가지재공급계획에서는 현금이 아니라 무현금이 개입하게 된다. (…) 무현금은 미리 진행된 생산수단의 수공급관계를 완성시켜주거나 또는 기자재공급계획에 예견된대로 생산수단이 정확히 공급되도록 도움을 줄수 있다." 즉 북한에서는 상품은 '현금', 생산수단은 '무현금'이 거래를 매개한다. '무현금'의 유통은 '무현금결제'를 통하여 실현된다. 2010년 북한 백과사전출판사가 출간한『광명백과사전 5』는 '무현금결제'를 다음과 같이 설명한다. "무현금결제는 은행을 통하여 대금지불을 환치하는 방법으로 조직하는 기관, 기업소들사이의 계획적인 화폐지불거래[로] (…) 결제돈자리를 통하여 진행된다. 결제돈자리는 화폐수입과 지출 및 잔고를 밝히기 위하여 기관, 기업소별로 은행에 가지고있는 계산돈자리이다. (…) 무현금결제형태에는 즉시지불서에 의한 결제, 송금에 의한 결제, 지불위탁서에 의한 결제, 지불청구서에 의한 결제 등이 있다"(강창남 외, 2010: 274-275). 우리나라를 포함, 자본주의 국가에서 협의의 화폐, 즉 M1은 현금과 상업은행에 예치된 요구불예금(demand deposit)으로 정의된다. 이 같은 사실로부터 본 논문은 '무현금'을 요구불예금으로 이해한다. 한편 요구불예금은 상업은행이 예금주에게 진 부채이다. 반면 현금은 중앙은행이 그 보유자에게 진 부채로 상업은행에게는 자산이다. 이로부터 '무현금'은 북한 상업은행 재무상태표의 부채면(liabilities), 즉 차변에, '현금'은 자산면(assets)인 대변에 기입한다.

정부의 부채, 중앙은행의 자산이다. 따라서 '자금공급'은 기업의 자산과 상업은행의 부채, 그리고 정부의 부채와 중앙은행의 자산을 증가시킨다. 〈표 2〉는 이 과정을 잘 보여준다.

'무현금'은 화폐의 일종이다. '자금공급' 당시 발생한 '무현금'은 '무'(ex nihilo)에서 비롯된, 즉 새롭게 창조된 화폐이다. 이처럼 '사회주의기업 책임관리제' 실시 이후 북한에서는 '자금공급'이 화폐를 창조한다. 그 이전에 '자금공급'은 단순히 화폐의 이전(transfer)에 불과했다(김기헌, 2018: 21-22).

<표 2> 기업에 대한 정부의 '자금공급'

기업		상업은행	
자산	부채	자산	부채
(+) '무현금'			(+) 기업의 '무현금'

정부		중앙은행	
자산	부채	자산	부채
	(+) 중앙은행 대여금	(+) 정부에 대한 대여금	

나. 기업에 대한 상업은행의 자금 대여

기업은 정부의 상업은행 대여를 통해서도 '선대자금'을 마련한다. '자금'이 필요한 기업은 상업은행에 대부를 신청한다. 상업은행은 이 같은 기업의 대부 요구를 심사, 스스로 정한 기준에 부합하면 대부를 승인한다. 상업은행 대여금은 기업의 부채, 상업은행의 자산이다.

이 대여금은 상업은행에 개설된 기업의 '무현금' 계좌로 입금된다. 따라서 상업은행 대여는 경제 내 '무현금'의 양을 증가시킨다. 이때의 '무현금', 즉 화폐 역시 '무'에서 비롯된, 새로 창조된 것이다.

<표 3> 기업에 대한 상업은행의 자금 대여

기업	
자산	부채
(+) '무현금'	(+) 상업은행 대여금

상업은행	
자산	부채
(+) 기업에 대한 대여금	(+) 기업의 '무현금'

다. 상업은행에 대한 중앙은행의 자금 대여

북한에서도 상업은행은 지급준비금이 부족하면, 중앙은행으로부터 차입한다. 일반적으로 지급준비금 부족은 상업은행의 지급불능 사태로 이어질 수 있다. 이 경우, 은행시스템은 붕괴한다. 경제는 혼란으로 치닫게 된다. 때문에 중앙은행은 상업은행의 차입 요구에 '수동적으로' (passively) 대응할 수밖에 없다. 북한의 중앙은행 역시 마찬가지이다. 최종대부자(lender of last resort)로서의 기능을 수행한다.

북한에서 상업은행에 대한 중앙은행의 대여가 이루어지면, 상업은행의 지급준비금은 증가한다. 그만큼 중앙은행의 본원통화 발행량은 늘어난다. 이 때 발행된 본원통화는 어딘가에서 이전된 것이 아니다. 새로 창조된 것이다. 상업은행에 대한 중앙은행 대여금은 상업은행에게는 부채, 중앙은행에게는 자산이다. 때문에 중앙은행의 이 대여금은 상업은행의 부채와 중앙은행 자산을 동시에 증가시킨다.

<표 4> 상업은행에 대한 중앙은행의 자금 대여

상업은행	
자산	부채
(+) 지급준비금	(+) 중앙은행 대여금

중앙은행	
자산	부채
(+) 상업은행에 대한 대여금	(+) 본원통화

라. 생산재 구입

기업은 '선대자금'으로 다른 기업으로부터 생산재를 구입한다. 기업 간 생산재 매매가 '무현금'으로, 즉 일종의 계좌이체인 '무현금' 결제를 통해서만 이루어진다고 가정하면, 경제 전체적으로 볼 때 '무현금'의 양은 변하지 않는다.

<표 5> 생산재 구입

기업		상업은행	
자산	부채	자산	부채
(=) '무현금'			(=) 기업의 '무현금'

마. 가계에 대한 기업의 '생활비' 지급

기업은 생산에 앞서 노동력을 확보해야 한다. 노동력은 가계가 제공한다. 기업은 그 대가로 '선대자금'에서 가계에 '생활비'를 지급한다. '생활비'는 현금으로 지급한다고 가정한다. 따라서 '생활비'가 지급되면, 가계 보유 본원통화는 증가하지만 기업의 '무현금'은 감소한다. 상업은행의 지급준비금도 감소한다. 가계의 현금은 늘어나지만 그만큼 상업은행의 지급준비금이 줄어들기 때문에 경제 내 본원통화의 양은 이전과 동일하다. 본원통화는 중앙은행의 부채이다.

<표 6> 가계에 대한 기업의 '생활비' 지급

가계		기업	
자산	부채	자산	부채
(+) 현금		(-) '무현금'	

상업은행		중앙은행	
자산	부채	자산	부채
(-) 지급준비금	(-) 기업의 '무현금'		(=) 본원통화

바. 소비재 판매

　기업은 다른 기업으로부터 구입한 생산재와 가계로부터 확보한 노동력을 결합, 재화를 생산한다. 그 중 소비재는 가계에 판매한다. 일반적으로 소비재 매매에는 현금이 사용된다. 거래가 끝난 후, 기업은 가계로부터 받은 현금을 자신의 상업은행 '무현금' 계좌에 입금한다. 이로부터 소비재 판매가 이루어지면, '생활비' 지급 때와는 반대로 가계의 현금은 감소하고 기업의 '무현금'은 늘어난다. 감소한 가계의 현금만큼 상업은행의 지급준비금은 증가한다. 때문에 중앙은행이 발행한 본원통화의 양은 달라지지 않는다.

<표 7> 소비재 판매

가계

자산	부채
(-) 현금	

기업

자산	부채
(+) '무현금'	

상업은행

자산	부채
(+) 지급준비금	(+) 기업의 '무현금'

중앙은행

자산	부채
	(=) 본원통화

사. 기업의 상업은행 대여금 상환

　이제 기업은 상업은행에 대여금을 상환한다. 이 경우, 기업의 '무현금'이 감소한다. 그런데 이때의 감소는 화폐의 소멸을 의미한다. 〈표 8〉에서 보듯이, 사라져 없어진다. 상환되는 상업은행 대여금의 크기만큼의 '무현금'이 창조 이전, 즉 다시 '무'로 돌아간다.

<표 8> 기업의 상업은행 대여금 상환

기업		상업은행	
자산	부채	자산	부채
(-) '무현금'	(-) 상업은행 대여금	(-) 기업에 대한 대여금	(-) 기업의 '무현금'

아. 상업은행에 대한 기업의 이자 지급

기업은 상업은행에 대여금을 상환할 때 이자도 같이 지급한다. 이는 기업의 자산인 '무현금'을 감소시킨다. 이자는 상업은행의 이윤을 구성한다. 이로부터 기업의 이자 지급은 상업은행의 순자산(net wealth)을 증가시킨다.

<표 9> 상업은행에 대한 기업의 이자 지급

기업		상업은행	
자산	부채	자산	부채
(-) '무현금'			(-) 기업의 '무현금' (+) 순자산

자. 가계와 기업의 '국가납부금' 등 납부

가계와 기업은 정부에 '국가납부금'과 '부동산사용료'를 납부한다. '국가납부금'과 '부동산사용료'는 북한 재정 수입의 근간이다. 가계는 기업을 통해 간접적으로 '거래수입금'을 납부한다. 기업은 이윤 가운데 일부를 떼어내 정부에 '국가기업리익금'을 납부한다. '국가납부금'은 상업은행에 개설된 정부의 '무현금' 계좌에 입금된다(장경식, 2017: 63). 상업은행이 신설됨에 따라 이제 북한에서도 중앙은행이 기업을 직접 상대하지는 않는다. 어디까지나 기업은 상업은행이 담당한다.

<표 10> 가계와 기업의 '국가납부금' 등 납부

가계

자산	부채
(-) 현금	

기업

자산	부채
(-) '무현금'	

상업은행

자산	부채
(+) 지급준비금	(-) 기업의 '무현금' (+) 정부의 '무현금'

정부

자산	부채
(+) '국가예산자금'	

차. '추가적로동보수자금' 배분

기업과 상업은행은 이윤 가운데 일부를 가계에 현금으로 배분한다. 앞서 살펴보았듯이, 북한에서는 이를 '추가적로동보수자금'이라고 한다. 이 경우 가계의 현금은 늘어나고 기업의 '무현금'과 상업은행의 순자산은 줄어든다. 상업은행의 지급준비금도 감소한다. 그런데 증가한 현금만큼 지급준비금이 감소하므로 중앙은행 부채 면에 기입된 본원통화의 양은 변하지 않는다.

<표 11> '추가적로동보수자금' 배분

가계

자산	부채
(+) 현금	

기업

자산	부채
(-) '무현금'	

상업은행

자산	부채
(-) 지급준비금	(-) 기업의 '무현금' (-) 순자산

중앙은행

자산	부채
	(=) 본원통화

카. '추가적혜택'

가계는 정부로부터 '추가적혜택'[14]을 받는다. '추가적혜택' 역시 현금

으로 제공된다고 가정하면, 정부는 상업은행에 개설된 자신의 '무현금'
계좌에서 현금을 찾아 가계에 지급한다. 이에 따라 가계의 현금 증가,
상업은행의 '무현금' 및 지급준비금 감소, 정부의 '국가예산자금' 감소가
발생한다. 현금이 증가한 만큼 지급준비금이 감소했으므로 경제 전체
의 본원통화량에는 변화가 없다.

<표 12> '추가적혜택'

가계

자산	부채
(+) 현금	

상업은행

자산	부채
(-) 지급준비금	(-) 정부의 '무현금'

정부

자산	부채
(-) '국가예산자금'	

중앙은행

자산	부채
	(=) 본원통화

타. 정부의 중앙은행 대여금 상환

〈표 2〉가 보여주듯이, 정부가 기업에 '자금'을 공급하면 정부에 대한
중앙은행 대여금이 발생한다. 정부는 징수한 '국가납부금' 등으로 중앙

14) 북한 문헌에 따르면, "주민소득은 크게 두 부분으로, 즉 생산부문 및 비생산부문
일군들의 로동보수몫과 문화후생기관에 대한 물질적 지출 및 근로자들의 개
인적 생활에 대한 직접적 지출몫으로 이뤄지는데 첫째부분은 전사회적범위에
서 근로자들이 지출한 로동의 양과 질에 따라 분배하는 노동에 의한 분배몫이
고 둘째부분은 근로자들이 수행하는 로동과는 관계없이 그들에게 분배되는
몫이다. 이 둘째부분이 바로 추가적혜택이다. 추가적혜택의 첫째요소인 문화
후생기관에 대한 물질적지출에는 교육기관, 보건기관, 도시경영기관 등 주민
들에게 물질문화적 생활조건을 거저 또는 눅은 값으로 마련하여 주는 기관들
과 시설들에서 소비되는 물자들에 대한 지출이 포함되고, 둘째요소인 개인적
생활보장을 위한 로동보수 이외의 직접적지출에는 식량과 연료, 옷, 학용품과
같은 생활용품들을 거저 또는 눅은 값으로 공급하고 년금, 보조금, 장학금과
같은 생활보장금을 지불하는데 국가와 사회가 부담하는 일체 비용이 포함된
다"(최경인, 1989: 33).

은행 대여금을 상환한다. 따라서 정부가 중앙은행 대여금을 상환하면, 상업은행에 예치된 정부의 '무현금'과 '국가예산자금'이 줄어든다. 이때 감소한 '무현금'은 기업이 상업은행에 대여금을 상환할 때와 같이 완전히 소멸한다.

<표 13> 정부의 중앙은행 대여금 상환

상업은행

자산	부채
	(-) 정부의 '무현금'

정부

자산	부채
(-) '국가예산자금'	(-) 중앙은행 대여금

중앙은행

자산	부채
(-) 정부에 대한 대여금	

파. 상업은행의 중앙은행 대여금 상환

상업은행은 대여 기간이 종료되면 중앙은행에 대여금을 상환해야만 한다. 상환이 이루어지면 〈표 14〉에서 보듯이, 상업은행과 중앙은행의 자산과 부채 모두 감소한다. 상업은행에 대한 중앙은행의 대여는 본원통화를 새로 창조한다. 마찬가지 이유로 대여금 상환시 본원통화는 소멸한다.

<표 14> 상업은행의 중앙은행 대여금 상환

상업은행

자산	부채
(-) 지급준비금	(-) 중앙은행 대여금

중앙은행

자산	부채
(-) 상업은행에 대한 대여금	(-) 본원통화

하. 중앙은행에 대한 상업은행의 이자 지급

상업은행은 중앙은행 대여금에 대해 중앙은행에 이자를 지급한다. 이자율은 중앙은행이 '외생적으로'(exogenously) 결정한다. 상업은행은 이 이자율을 기준 삼아 상업은행 대여금과 '저금'의 이자율을 정할 것이다.

중앙은행에 이자 지급 시 상업은행은 순자산을 사용한다. 이 이자는 중앙은행에서 이윤을 형성한다. 따라서 이자가 지급되면 상업은행의 순자산은 감소하고 중앙은행의 순자산은 증가한다.

<표 15> 중앙은행에 대한 상업은행의 이자 지급

상업은행		중앙은행	
자산	부채	자산	부채
	(-) 순자산		(+) 순자산

4. 김정은 이후 북한 화폐경제의 특징

1) 화폐경제의 '제한성' 약화

'고전적' 북한 경제 역시 화폐경제로서 생산과정은 $M\text{-}C\cdots P\cdots C'\text{-}M'$ $(M\langle M')$의 순서로 진행된다. 그러나 이 경제에서 $M\text{-}C\text{-}M'(M\langle M')$은 '이익을 얻기 위한 쉴 새 없는 운동'때문에 발생하지 않는다.

제1의 형태변화($M\text{-}C$)와 제2의 형태변화($C\text{-}M$) 모두 북한 정부가 수립한 '계획'에 의해 통제된다. 생산물의 가격도 정부가 제정한다. 북한 기업이 갖고 있는 '경영상 상대적 독자성'은 어디까지나 '계획' 안에서의 독자성에 불과하다. 또한 자본주의 사회에서는 $M\langle M'$이 성립하지 않을 경우, 즉 잉여가치가 발생하지 않으면, M은 더 이상 자본(capital)으로

기능하지 못한다. '고전적' 북한 경제에서 기업은 '사회순소득'이 발생하지 않더라도 생산을 계속한다. 기업에 대한 평가에서도 '사회순소득'을 생산했는지, 생산했다면 얼마만큼 생산했는지는 상대적으로 덜 중요하다. '고전적' 북한 경제에서 기업의 '사회순소득' 대부분은 '국가예산자금'에 귀속된다(홍성남, 2012: 122). 이처럼 북한의 '고전적' 화폐경제는 불완전하다. 그런 의미에서 '제한적인'(restrained) 화폐경제라고 할 수 있다(김기헌, 2018: 17-19).

'사회주의기업책임관리제'가 실시되면서 북한 기업의 자율성과 독자성은 크게 신장되었다. 이제 더 이상 북한에서 기업의 독자성을 '계획' 안에서의 독자성으로 한정지을 수 없다. 상당수 기업이 '계획' 밖에서, 즉 '계획'을 대체한 시장에서 자율적이고 독자적으로 행동한다. 물론 이는 어디까지나 과거에 비해 그렇다는 것이다. 일반적 기준으로 볼 때, 북한 기업에 대한 국가의 통제는 여전히 강력하다.

과거 북한 기업은 '선대자금'을 거의 전적으로 정부의 '자금공급'에 의존했다. 그러나 이제는 다르다. 상업은행 대여금과 기업 내부 유보 이윤의 비중이 높아졌다. 몇몇 중요 기업을 제외한 대부분의 기업은 '류동자금'의 경우, 최초 투자금 말고는 정부로부터 지원받지 못한다. 생산 과정을 지속시키기 위해서는 무엇보다 '사회순소득'의 획득이 절실해졌다. '사회순소득'은 더 이상 2차적이며 부차적이지 않다. 한편 기업의 판매수입에서 정부에 납부하는 자금의 비중은 감소했다. 감가상각금을 정부에 납부하지 않고 기업 내부에 적립, 다음 기(next period)의 '선대자금'으로 사용한다. 이윤에서 정부에 분배되는 '국가납부금'을 비롯하여 국가 몫을 줄이고 기업 내부에 유보하는 부분을 늘렸다. 결국 '사회순소득' 처분권을 비롯한 '경영자금의 조성 및 리용권'이 대폭 확대된 것이다.

결론적으로 '사회주의기업책임관리제' 실시 이후 북한 화폐경제의 '제한성'은 크게 약화되었다. 보다 실질적인 형태의 화폐경제로 변모하고 있는 것이다.

2) 화폐의 내생적 창조

'사회주의기업책임관리제'가 도입된 지금 북한에서 '선대자금' 마련, 즉 최초 자금조달(initial finance)을 정부의 '자금공급'과 상업은행 또는 가계로부터의 차입, 기업 내부 유보 이윤의 사용 등을 통해 진행한다. 〈표 2〉에서 보듯이, '자금공급' 과정에서 화폐의 양이 증가한다. 그런데 이때의 화폐는 '무'에서 생겨난 것이다. 북한에서 '자금공급'은 화폐를 창조한다. 상업은행 대여도 마찬가지이다. 〈표 3〉이 보여주듯이 이 과정을 통해서도 화폐는 창조된다.

한편 지급준비금이 부족한 상업은행에 중앙은행은 자금을 대여한다. 본원통화는 이 때 창조된다(〈표 4〉 참조). 상업은행의 지급준비금 부족은 기업에 대한 상업은행의 초과 대여로 발생한다. '선대자금'을 마련하기 위해 기업이 상업은행에 '자금' 대여를 요청하고 상업은행은 이를 '수동적으로' 수용하는데, 이 과정에서 상업은행의 지급준비금이 부족해질 수 있다. 이 경우, 상업은행은 중앙은행에 대여를 요청한다. 중앙은행의 지급준비금 공급 역시 그 수요에 따라 결정된다.

이처럼 북한에서 화폐와 본원통화는 각각 정부의 '자금공급' 및 상업은행 대여 과정과 중앙은행의 지급준비금 대여 과정에서 창조된다. 그런데 이 모든 과정은 모두 '수요결정적'(demand-determined)이다. 능동적인 수요에 맞춰 수동적으로 공급이 이루어진다. 그 결과 수요량과 공급량은 항상 일치하게 된다. 결국 북한에서도 화폐와 본원통화는 모두 '내생적으로'(endogenously)으로 창조된다.

3) 적자재정의 가능성 확립

'고전적' 북한 경제에서 경제위기가 발생, 생산이 축소되고 미래에 대한 불확실성이 커지면, 가계는 소비지출을 줄이고 현금 보유를 늘릴 것이다. 그 결과 '국가납부금'이 감소하고 정부의 공급 "자금"은 줄어든다. 경제 전체적으로 보면, 유동성(liquidity) 부족이 나타날 것이다. 앞서 강조했듯이, 이 경제에서 중앙은행 대여는 '예외적으로' 발생한다. 즉 대여 절차와 요건이 매우 까다롭다. 따라서 중앙은행 대여는 이 같은 유동성 부족을 타개하는데 기여하지 못한다.

유동성 부족은 투자지출 축소를 야기, 경제위기를 더욱 심화시킬 것이다. 이는 소비지출과 투자지출의 추가 감소로 이어진다. 결국 경제는 위기의 악순환에 빠져들 수밖에 없다. 이를 도식으로 나타내면 다음과 같다.

$$\text{Economic Crisis} \rightarrow Y\downarrow \rightarrow Cd\downarrow \text{ and } Hh\uparrow \rightarrow T\downarrow \rightarrow GC\downarrow \rightarrow$$
$$\text{Liquidity}\downarrow \rightarrow Id\downarrow \rightarrow Y\downarrow \ \cdots\cdots$$

단, Y = 국민소득
Cd = 가계의 소비지출
Hh = 가계의 현금보유
T = 국가납부금 등 국민소득에서 국가 몫
GC = 정부의 자금공급
Id = 투자지출
Y = 자금공급

1990년대 중반 북한의 경제 위기는 이 같은 전개 양상의 전형을 보여준다. 즉 실물의 위기에 유동성 위기가 겹쳐지면서 경제위기는 더욱 악화되었다. 〈표 16〉의 1990-2002년 북한의 '국가예산수지'를 통해, 간접적으로나마 당시 북한 경제가 겪은 유동성 위기의 실상을 파악할 수 있다. 1995년 '국가예산수지'는 수입과 지출이 그 전해인 1994년에 비해 각각 42.3%와 41.6% 감소했다. 1999년까지 계속 줄어들다가 2000년부터는 조금씩 늘어나기 시작했다. 하지만 2002년에도 '국가예산수지' 수입과 지출은 여전히 1994년의 53.5%와 53.4%에 불과했다.

<표 16> 1990-2002 북한의 "국가예산수지"

(단위: 백만 '북한 원')

연도	수입	지출	수입-지출
1990	35,690.41	35,513.48	176.93
1991	37,194.84	36,909.24	285.60
1992	39,540.42	39,303.42	237.00
1993	40,571.20	40,242.97	328.23
1994	41,620.00	41,442.15	177.85
1995	24,000.00	24,200.00	-200.00
1996	20,300.00	20,600.00	-300.00
1997	19,712.00	발표하지 않음	
1998	19,790.80	20,015.21	-224.41
1999	19,801.00	20,018.21	-207.21
2000	20,903.43	20,955.03	-51.60
2001	21,639.94	21,678.65	-38.71
2002	22,284.66	22,129.44	152.22

* 출처: 조선중앙통신사(1991-2002)과 민주조선(2002/03/28; 2003/03/27)을 바탕으로 작성. 북한 당국은 1996년과 1997년 "국가예산자금"의 수입과 지출, 1997년의 지출에 대해서는 공식적으로 발표하지 않았다. 이 표의 1996년과 1997년의 수입과 지출은 IMF Asia and Pacific Department(1997)에 근거했다. 국제통화기금(IMF: International Monetary Fund)은 이 수치를 북한 당국으로부터 전달받았다고 밝혔다.

북한 당국은 '사회주의기업책임관리제' 실시와 더불어 화폐·재정 제도를 변경, 화폐창조의 경로를 복수화했다. '고전적' 북한 경제에서 화폐는 기업에 대한 중앙은행의 대여를 통해서만 창조되었다. 그러나 이제는 화폐가 기업에 대한 정부의 '자금공급', 즉 정부에 대한 중앙은행의 대여 과정에서도 창조된다. 이로부터 북한에서도 적자재정의 가능성이 구조적으로 확립되었다. 이는 실물의 위기가 유동성 위기로 번지는 것을 차단하는데 도움을 줄 것이다.

참고로 북한 당국은 기업에 대한 현금 대부와 상업은행을 통한 기업의 현금 결제도 허용했다. 북한 학자 고금혁은 다음과 같이 강조한다. "자기 수중의 현금을 은행에 맡기고 마음놓고 대부받을수 있게 하여야 하며 (...) 그리고 기업체들에 대한 대부를 실정에 맞게 내화 또는 외화로도 할수 있다. (...) 현시기 은행들에 기업체들의 현금돈자리를 개설해주고 그를 리용하여 진행하도록 하고있는것만큼 (...)"(고금혁, 2016: 132) 이들 제도 역시 유동성 확대에 기여할 것이다.

5. 나가며

2014년 북한 당국은 '사회주의기업책임관리제'를 도입, 기업의 자율성과 독자성을 획기적으로 강화한다. 북한 기업은 더 이상 '계획' 안에 갇혀 있지 않다. 공식적으로 상당수 기업들이 '계획'을 대체한 시장에서 자율적이고 독자적으로 행동한다. 북한 당국은 화폐·재정 제도도 대폭 변경한다. 우선 상업은행을 신설한다. '국가납부금' 제도도 개혁한다. 중앙은행 대여를 통한 새로운 '자금공급' 방식도 도입한다. 정부에 적게 납부하고 정부로부터 적게 공급받는 구조도 확립한다. 기업의 가계 차입을 허용하고 충전식 선불카드 사용을 장려하고 있다.

북한 경제는 '제한적'일지라도 분명 화폐경제이다. 생산이 화폐에서 시작, 화폐로 끝난다. 화폐경제를 보다 정확히 파악하기 위해서는 경제

내 화폐플로우를 이해할 필요가 있다. 본 논문은 중앙은행과 상업은행을 포함, 경제주체들의 대차대조표를 통해 이에 접근한다.

김정은 집권 이후 북한 당국의 '개혁' 조치로 인해, 무엇보다 우선 북한에서 시장경제가 본격화된다. 둘째 화폐경제의 '제한성'이 약화된다. 셋째 상업은행 대여금과 기업 내 유보 이윤이 '초기 자금조달'에서 차지하는 비중이 높아지고 화폐창조의 경로도 복수화된다. 화폐는 물론 본원통화도 내생적으로 창조된다. 이에 따라 적어도 논리적으로는 화폐플로우가 이전에 비해 원활해지고 안정될 것이다. 넷째 적자재정의 가능성도 구조적으로 확립되었다. 이는 실물 위기가 유동성 위기로 번지는 것을 막을 수 있는 최소한의 안전장치로 기능할 수 있을 것이다.

맑스는 분업과 화폐경제에 바탕을 둔 발전된 시장을 자본주의의 핵심 요소로 간주했다. 슘페터(J. A. Schumpeter)에 따르면, 자본주의의 일반적 전제는 기업에 대한 은행의 신용 제공이며 그 수단은 화폐, 즉 은행권 또는 예금이다. 슘페터에게 자본주의는 빌린 돈으로 혁신이 수행되는 사적 소유의 경제 형태이다(Kocka, 2017[2013]: 20, 30). 그렇게 보면, 적어도 2014년 이후 북한 경제는 '고전적' 사회주의에서 벗어나기 위해 그 밖을 향해 과감히 한 걸음 내디딘 것으로 평가해도 무리가 아니다.

참고문헌

강일룡, "지방경제발전전략작성에서 지방예산수입규모 규정방법에 대한 연구,"『경제연구』2호, 2016.

강성남, "위대한 령도자 김정일동지께서 사회주의경제관리의 개선완성에 쌓아올리신 불멸의 업적,"『김일성종합대학학보 철학 · 경제학』2호, 2016.

강창남 외,『광명백과사전 5, 경제』(평양: 백과사전출판사), 2010.

강철수, "사회주의기업체들에서 류동자금 보장조직의 중요요구,"『경제연구』3호, 2016.

계춘봉, "실제적경영권의 특징,"『경제연구』2호, 2016.

고금혁, "현시기 은행기관들을 상업은행화하는데서 나서는 중요한 문제,"『김일성종합대학학보 철학 · 경제학』4호, 2016.

김경옥, "사회주의기업체들의 확대된 계획권과 생산조직권행사의 중요요구,"『경제연구』1호, 2017

김광길, "토지가격에 대한 일반적리해,"『김일성종합대학학보 철학 · 경제학』4호, 2012.

김기헌, "북한 '화폐경제'의 원형과 붕괴에 대한 연구-1990년대 중반을 중심으로," 북한대학원대학교 박사학위 논문, 2015.

김기헌, "북한 화폐의 '고전적' 순환 메커니즘 분석: '화폐생산경제로서의 북한 경제'에 대한 이해,"『사회과학연구』26집 1호, 2018a.

김기헌, "기업도 은행도 '파격'... 그때 그 북한 아니다,"『오마이뉴스』, 2018b, http://www.ohmynews.com/NWS_Web/View/at_pg.aspx?CNTN_CD=A0002470851.

김성철, "기업체들의 책임성과 창발성을 높일수 있게 인민경제계획사업을 개선하는데서 나서는 몇가지 문제,"『경제연구』3호, 2015.

김소영, "원에 의한 통제를 강화하는 것은 사회주의은행의 본신업무,"『경제연구』4호, 2001.

김영남, "유휴화폐자금동원을 위한 경제조직사업을 개선하는데서 나서는 중요문제,"『김일성종합대학학보 철학 · 경제학』4호, 2014.

김일성, "일원화계획화체계를 더욱 심화발전시키기 위하여,"『주체의 경제

관리체계와 방법을 철저히 구현할데 대하여』(평양: 조선로동당출판
　　사), 1988.

김정은,『재정은행사업에서 전환을 일으켜 강성국가건설을 힘있게 다그치
　　자, 제3차 전국재정은행일군대회 참가자들에게 보낸 서한 주체
　　104(2015)년 12월 13일』(평양: 조선로동당출판사), 2015.

김정혁, "부가예산수입과 지출의 균형보장에서 나서는 중요문제,"『경제연
　　구』2호, 2014.

리상조, "은행자원과 그 구성,"『경제연구』4호, 1994.

리원경,『사회주의화폐제도』(평양: 사회과학출판사), 1986.

림태성, "국가예산의 편성과 집행에서 수지균형의 보장,"『경제연구』4호,
　　2015.

림태성, "사회주의기업체의 재정관리권,"『경제연구』1호, 2016.

박영자, "북한의 사금융시장," 한국수출입은행 북한·동북아연구센터 편,『북
　　한의 금융』(서울: 오름), 2016.

박　혁, "축적과 소비의 균형의 법칙을 정확히 구현하는 것은 사회주의재
　　정의 중요한 임무,"『경제연구』1호, 2016.

박혜경, "기업체들의 주문과 계약에 의한 계획작성에서 나서는 중요요구,"
　　『경제연구』3호, 2015.

박후건, "북한 사회주의경제체제의 진화과정에 대한 고찰, 중앙집권적 계
　　획경제에서 사회주의기업책임관리제까지,"『현대북한연구』21권 2호,
　　2018.

송정남, "전략적경제관리방법의 본질적특징,"『경제연구』4호, 2015.

심금주, "현시기 지방별 현금류통책임제집행에 대한 평가에서 나서는 몇
　　가지 문제,"『경제연구』1호, 2017.

양문수, "김정은 시대 경제관리 개선조치의 실태와 평가: 2012~2014년,"『북
　　한연구학회보』18권 2호, 2014.

양문수, "김정은 시대 북한의 경제개혁 조치,"『아세아연구』59권 3호, 2016.

오선희, "거래수입금의 제정 및 적용에서 제기되는 몇가지 문제,"『경제연
　　구』3호, 1994.

오영애, "상업기업소소득의 본질과 특성,"『경제연구』2호, 2014.

이석기·권태진·민병기·양문수·이동현·임강택·정승호,『김정은 시대 북

한 경제개혁 연구 - '우리식 경제관리방법'을 중심으로 -』(서울: 산업연구원), 2018.

이석기 · 김석진 · 양문수, 『북한 외화통용 실태 분석』(서울: 산업연구원), 2012.

임을출, "북한 사금융의 형성과 발전: 양태, 함의 및 과제,"『통일문제연구』 27권 1호, 2015.

이영훈, "최근 북한의 금융 현황 및 금융조치에 대한 평가: 인플레이션 · 달러라이제이션 · 사금융 문제를 중심으로,"『북한연구학회보』 19권 2호, 2015.

이영훈, "김정은 시대 북한의 화폐 · 금융 정책과 기대효과: 카드 사용을 중심으로,"『수은 북한경제』 여름호, 2017.

이정철, "사회주의 북한의 경제동학과 정치체제: 현물동학과 가격동학의 긴장이 정치체제에 미치는 영향을 중심으로," 서울대학교 정치학 박사학위 논문, 2002.

장명식, "주문과 계약규률을 강화하기 위한 방도,"『경제연구』 4호, 2015.

정광영, "경영수입에 대한 리해에서 제기되는 몇가지 문제,"『김일성종합대학학보 철학 · 경제학』 1호, 2013.

정승호 · 이동현 · 민병기, "북한 재정 · 금융제도의 최근 변화 및 평가," 2018년 북한연구학회 하계학술회의 발표문, 2018.6.29.

정영철, "북한 경제의 변화 - 시장, '돈주', 그리고 국가의 재등장,"『역사비평』 봄호, 2019.

조선민주주의인민공화국 내각법규위원회, "조선민주주의인민공화국 국가예산수입법,"『조선민주주의인민공화국 법전』(평양: 법률출판사), 2012.

조선민주주의인민공화국 내각법규위원회, "조선민주주의인민공화국 기업소법,"『조선민주주의인민공화국 법전 (증보판)』(평양: 법률출판사), 2016.

조선민주주의인민공화국 내각법규위원회, "조선민주주의인민공화국 기업소법,"『조선민주주의인민공화국 법전(증보판)』(평양: 법률출판사), 2016.

조선민주주의인민공화국 내각법규위원회, "조선민주주의인민공화국 상업은행법,"『조선민주주의인민공화국 법전(증보판)』(평양: 법률출판사), 2016.

조선민주주의인민공화국 내각법규위원회, 2012, "조선민주주의인민공화국 상업은행법,"『조선민주주의인민공화국 법규집』(평양: 법률출판사).

조선중앙통신사, 『조선중앙년감』(평양: 조선중앙통신사), 1991-2002.

최경인, "우리 나라에서의 추가적혜택에 대한 통계적 연구방법,"『경제연구』2호, 1989.

최용남, "현시기 자재공급사업을 개선하는데서 나서는 중요한 문제,"『김일성종합대학학보 철학 · 경제학』3호, 2016.

최용남, "재정은행사업에서 전환을 일으키는것은 사회주의강국건설의 중요요구,"『김일성종합대학학보 철학 · 경제학』2호, 2018.

최지영 · 정승호, "북한시장의 물가와 인플레이션," 한국수출입은행 북한 · 동북아연구센터 편.『북한의 금융』(서울: 오름), 2016.

통일부,『북한정보 포털 북한通』(http://nkinfo.unikorea.go.kr), 2017.

한명선, "내각을 비롯한 국가경제기관들과 기업체들의 임무와 권한은 똑바로 규정하는것은 사회주의경제관리방법을 확립하는데서 나서는 중요문제,"『김일성종합대학학보 철학 · 경제학』3호, 2015.

허광진, "경제관리조직들의 책임과 권한의 합리적설정에서 나서는 중요문제,"『김일성종합대학학보 철학 · 경제학』3호, 2015.

허진옥, "부동산사용료의 적용에서 나서는 몇가지 문제,"『김일성종합대학학보 철학 · 경제학』1호, 2013.

홍성남, "경공업기업소리윤에 대한 리해에서 나서는 중요문제,"『김일성종합대학학보 철학 · 경제학』3호, 2012.

Dow, Sheila C., "Endogenous Money: Structuralist" in Arestis, Philip and Malcolm Sawyer (Eds.), *A Handbook of Alternative Monetary Economics* (Hampshire, New York: Palgrave Macmillan), 2006.

Godley, Wynne, and Marc Lavoie, *Monetary Economics: An Intergrated Approach to Credit, Money, Income, Production and Wealth*(New York: Palgrave MacMillan), 2007.

Graziani, Augusto, *The Monetary Theory of Production*(Cambridge: Cambridge University Press), 2003.

Keynes, John M., *The Collected Writing of John Maynard*, Vol. 14. Donald E. Moggridge (Eds.) (London and New York: Macmillan), 1973[1933].

Kocka, J., 나종석 · 육혜원 역,『독일 최고 석학 위르겐 코카의 자본주의의 역사』(서울: 북캠퍼스), 2017[2013].

IMF Asia and Pacific Department, "Democratic People's Republic of Korea: Fact-Finding Report (Nov.)," 1997.

Ingham, Geoffrey, *The Nature of Money*(Cambridge: Polity Press), 2004.

Lavoie, Marc, "Endogenous Money: Accomodationist," in Arestis, Philip and Malcolm Sawyer (Eds.), *A Handbook of Alternative Monetary Economics*(Hampshire, New York: Palgrave Macmillan), 2006.

Lavoie, Marc, 김정훈 역, 『포스트케인스학파 경제학 입문: 대안적 경제이론』(서울: 후마니타스), 2016[2004].

Marx, Karl, 『자본Ⅰ, 경제학 비판』(서울: 도서출판 길), 2008[1890].

Tobin, J., "Money and finance in the macroeconomic process." *Journal of Money, Credit, and Banking*, 14(2), 1982.

Wray, L. Randall, *Modern Money Theory, a Primer on Macroeconomics for Sovereign Monetary System* (Hampshire, New York: Palgrave Macmillan), 2012.

3

북한이 보는 세계 경제
생존과 경쟁의 공간으로

1. 들어가며

북한은 세계경제를 어떻게 바라보고 있을까? 일반적으로 사회주의-공산주의 진영에서 자본주의 세계경제는 제국주의적 시선으로 해석된다. 즉, 제국주의 – 독점자본주의 – 의 침략과 약탈이 벌어지는 불공정한 공간이라는 시선을 갖는다. 이는 맑스의 자본주의 시장경제에 대한 비판으로부터 레닌의 제국주의론에 이르기까지 일관된 입장이었고, 북한 역시 이러한 입장의 연장선에서 세계경제를 바라본다. 특히, 북한은 1980년대 이래 김정일에 의해 현재의 자본주의 세계경제를 '현대 제국주의'의 창을 통해 새롭게 해석하였고, 최근까지도 지속되고 있다.

북한이 바라보는 현대 세계경제에서 제국주의는 과거 1,2차 세계대전에서 드러났던 갈등과 대결의 관계가 아니라 '공모와 결탁'의 관계로 재편되었고, 이를 과거와 구분되는 현대 제국주의의 주된 특징으로 인식하고 있다(김정일, 2011: 47). 특히, 세계대전 이후, 미국을 중심으로 하는 제국주의 국가들의 새로운 재편은 과거의 직접적 식민지 지배로서 강압과 수탈의 방식이 아닌 자본의 국제화와 다국적 기업을 통한 신식민지 지배로의 전환, 보다 더 교활한 방식으로의 수탈체제로 전환되었다고 인식하고 있다(김정일, 2011: 48-49). 이의 연장선에서 오늘날 세

계적으로 확대되고 있는 세계화에 대해서도 결국은 미국을 중심으로
한 제국주의 침략의 '세계화'에 불과하며, 세계 '일체화'라는 표현에서
알 수 있듯이, 자본주의적 착취를 보다 더 확대하고 있는 것으로 인식
한다.

그러나 1990년대 이후, 북한의 이러한 세계경제에 대한 인식은 변화
하고 있다. 즉, 과거 '반(反) 제국주의 시선'을 통해 인식하던 세계경제
의 공간이 이제는 자신들의 생존과 경쟁의 공간으로 변모하고 있으며,
어쩔 수 없이 자신들이 직접 상대해야 할 경제 공간으로 인식되고 있
다. 특히, 김정은 시대에 들어와 이러한 시각이 더욱 강화되면서 대외
무역을 통한 세계경제로의 진출, 경쟁, 실리의 확보를 추구해야 할 공
간이 되고 있다. 이러한 북한의 세계경제에 대한 인식의 변화는 결국
현재의 북한 체제가 당면하고 있는 탈냉전의 공간 즉, 진영이 사라진
뒤 일원화되어 있는 세계경제를 있는 그대로 받아들이고 있음을 의미
하며, 이 공간 속에서 경제건설을 추구해야 한다는 현실을 보여주고 있
다. 이에 따라 북한의 매체들은 한편으로는 불공정한 세계경제에 대한
비판을 지속하면서도, 이 공간 속에서 자신들의 경쟁력을 높이기 위한
지식과 기술의 습득과 생존의 방식에 더욱 관심을 기울이고 있다.

이러한 북한의 변화는 결국 북한 역시 현재의 세계경제의 공간 속에
서 살아가기 위한 방법의 습득과 그 길로서 세계경제와의 공존을 추구
하는 것으로 나타나고 있으며, 개혁-개방으로 대표되는 사회주의 체제
의 변화의 물결 속으로 조심스럽게 한 발을 들이밀고 있는 것으로 드러
나고 있다. 특히, 김정은 시대에 들어와서는 이러한 모습이 더욱 적극
적으로 추진되고 있고, 이는 앞으로의 남북관계, 북한의 세계경제와의
공존, 체제의 변화 등으로 나타날 것으로 예상된다. 여기서는 북한의『경
제연구』에 나타난 세계경제에 대한 북한의 인식을 비교하고, 어떻게 변
화하고 있는 분석하고자 한다.

2. 북한의 세계 경제에 대한 인식의 변화

1) 현대 제국주의의 침략과 약탈의 공간

 냉전은 세계를 바라보는 시선의 이분법적 분단의 시기였다.[1] 북한 역시 이러한 냉전의 시선에서 자유로울 수 없었고, 따라서 세계경제를 바라보는 시선 역시 자본주의와 사회주의의 전형적인 분할의 시선이었다. 냉전 시기 북한은 자본주의와 사회주의의 불가피한 투쟁과 혁명의 공간으로서 세계경제를 바라보았다. 즉, 레닌의 제국주의의 연장선에서 2차 대전 이후의 새로운 제국주의 즉, 현대 제국주의론의 시각에서 세계경제를 바라보았다. 그러나 북한의 제국주의를 바라보는 입장은 레닌의 그것과는 일정하게 구분되었다. 직접적인 지배의 시대에서 간접적인 지배의 시대로의 전환이었다. 그러나 이러한 제국주의적 지배는 단지 방식에 있어서만 변화가 있었던 것은 아니었다. 앞서 말한 바, 갈등과 대립의 관계에서 공모와 결탁의 관계로의 변화였고, 동시에 다국적 기업체를 통한 경제적 침투와 자본의 국제화에 따른 보다 더 교활한 방식으로의 변화였으며, 동시에 미국을 정점으로 한 피라미드 식 지배구조의 구축이었다. 그 결과 현대제국주의가 지배하는 자본주의는 물질생활의 기형화, 정신문화생활에서의 빈궁화, 정치생활에서의 반동화를 기본 특징으로 하게 되었다(김정일, 2011: 53).
 이처럼 현대제국주의가 지배하는 공간으로 세계경제를 인식하는 것이 냉전 시기의 북한의 기본적인 세계경제를 바라보는 시선이었다. 따라서 이에 대한 저항은 곧 사회주의 국가와의 협력의 강화, 세계 경제의 모순과 약탈을 비판하고 이에 대해 민족해방-사회주의 혁명 투쟁을

---

[1] 시선을 권력이자 헤게모니의 응집력이다. 즉, 시선은 세계관의 계기이자, 현실 인식의 통로이며, 가치판단의 문제와 중첩되어 있다(김희봉, 2010: 40).

강화하는 것이 기본적인 혁명의 전략과 전술이었다.[2] 제국주의는 필연적으로 멸망하지만, 결코 저절로 멸망하지 않으며 오로지 혁명 투쟁을 통해서만 멸망시킬 수 있다는 실천적 지침이 이로부터 제기되었던 것이다. 따라서 북한이 바라보는 반(反)제국주의 투쟁의 전선은 곧 자본주의 세계경제와 사회주의 경제의 전선이었고, 이로부터 사회주의 국가들과의 경제적 협조의 강화, 반제국주의 국가들과의 연대성 강화 등으로 나타났다. 이미 1960년대 제3세계 식민지 국가들의 독립과 이들이 국제무대에서 무시할 수 없는 세력으로 떠오르자 '남남협조'라는 명분으로 이들과의 경제적 협력을 강화하는 전략적 선택을 취하였다(김일성, 1992). 물론, 1970년대 세계적인 데탕트 국면에서 선진 자본주의 국가들과의 무역을 확대하는 조치를 취하였지만,[3] 기본적인 방향은 사회주의 진영과의 단결을 우선시하고, 비동맹 국가 혹은 제3세계 국가들과의 관계를 강화하는 것이었다. 북한의 세계 경제 인식을 연구했던 탁용달(2010)에 의하면, 1990년대까지 북한이 바라보는 세계경제는 첫째, 국가독점자본주의의 출현과 그 이유를 '제국주의의 정치경제적 위기의 산물'로 규정하고 있으면서 이러한 국가형태의 출현이 일반적인 현상이라고 설명하고 있으며, 둘째, 통치수법과 약탈방법이 교활해지고, 식민지에 대한 지배가 강화되고, 원조행위를 통해서 경제적 예속화가 계속되고 있으며, 셋째, 미국을 중심으로 하는 세계체제가 형성되었고, 국가들 사이의 결탁과 더불어, 다국적 기업의 활동이 강화되고 있다고 설명하면서, 멸망의 불가피성을 언급하고 있는 것으로 정리된다(탁용달, 2010:

---

[2] 이 당시 북한의 외교의 기본방향은 사회주의 국가들과의 관계강화, 비동맹과의 관계 강화, 그리고 우호적인 자본주의 국가들의 관계 형성이었다. 이에 대해서는 정규섭(1997)과 김계동(2016)을 참조할 것.

[3] 1970년대 북한의 서방 국가들과의 관계 강화에 대해서는 앞의 정규섭(1997)과 김계동(2016)을 참조할 것.

129).[4] 이러한 북한의 인식은 냉전의 시기동안 일관된 것이었다. 비록 우호적인 자본주의 국가들과의 관계를 개선하고자 시도하였고, 제국주의 미국에 대해서도 '인민외교'를 통한 접근을 강화하였지만, 사회주의 진영의 단결을 최 우선시하는 입장에는 변화가 없었다. 이러한 북한의 모습은 냉전이 가져온 구조적 한계로부터 자유롭지 못한 점, 세계 경제를 기본적으로 제국주의적 지배가 관철되는 경제적 공간이자 제3세계 국가들에 대한 지배와 약탈의 공간으로 인식했음을 보여주고 있다. 또한, 이 과정에서 자신들이 추구해야 하는 자립경제는 철저히 반제국주의 노선의 일환으로 해석되었다. 따라서 이 공간 속에서 자신들이 추구해야 할 것은 사회주의 - 비동맹(반제자주) - 우호적 자본주의 국가들과의 '협력의 위계질서'를 구축하는 것이었다.

2) 현대 제국주의와의 공존: 생존의 공간

1980년대 말 이후, 냉전의 붕괴는 북한에게 생존의 문제로 다가왔다. 이와 함께, 동시에 밀어닥친 정치적 위기(김일성 사망 등), 북핵 문제를 매개로 한 미국과의 갈등(외교적 고립), 그리고 내부의 경제 구조가 붕괴 직전에 이르는 상황(식량난 등의 경제적 위기)은 북한으로 하여금 새로운 생존의 방식을 고민하도록 하였다. 이 과정에서 세계 경제에 대한 인식에서 일부 변화가 발생하였다. 즉, 더 이상 사회주의적 시장(사회주의 경제진영)이 사라진 조건에서,[5] 과거와 같은 '협력의 위계질서'는 변화할 수밖에 없었다. 그래서 1990년대 초 김일성은 사회주의를 대

---

[4] 북한의 세계 경제에 대한 인식 연구는 거의 존재하지 않는다. 현재까지 학술 논문으로서 탁용달의 논문이 거의 유일한 것으로 보인다.

[5] 이 지점에서 그 동안 북한이 주장했던 자립경제가 사실은 '사회주의 시장'을 전제로 한 것이었음이 드러난다. 따라서 자립경제에 대해서도 일부 이론적 변화들이 발생하게 된다. 이에 대해서는 정영철(2004)을 참조할 것.

신하여 아시아 국가들을 특별히 강조하는 발언을 하였고, 이들 나라들과의 경제협력을 강화할 것을 주문하였다.[6]

　이 시기 북한에서 나타난 세계 경제에 대한 기본적인 인식은 전통적인 현대 제국주의론에 근거한 불평등 교환의 공간이자 동시에 자신들이 헤쳐나가야 할 생존의 공간이었다. 즉, 이중적 인식이었다. 1990년대까지 세계 경제에 대해 부정적인 것으로만 일관했던 것에서의 변화였다. 물론, 거시적 구조의 측면에서 세계 경제는 여전히 극복하고 비판해야 하는 공간임에는 여전했지만, 미시적으로는 세계 경제를 대상으로 한 인식과 대응에 있어서 변화할 수밖에 없는 상황이었던 것이다. 그리고 이러한 세계 경제에 대한 인식의 변화는 북한의 대외경제정책에 있어서도 변화를 가져왔다. 즉, 과거 '사회주의 − 비동맹 − 우호적 자본주의'의 협력적 위계질서에 근거한 대외경제정책이 제시되었다면, 이제는 1990년대의 경제특구 설치에서 볼 수 있듯이 자신들의 경제 건설에 도움이 되는 대상이라면 특별한 제한을 두지 않는 방향으로의 변화를 보여주었다.[7]

---

[6] 김일성의 1991년 신년사는 사회주의 붕괴 이후, 북한의 대외정책의 변화를 보여주고 있다. 즉, 김일성은 신년사에서 "오늘 아세아는 새로운 발전단계에 들어서고 있습니다. 근면하고 재능있는 아세아인민들이 자주성과 평등, 호혜의 원칙에서 서로 단결하고 긴밀히 협조해나간다면 아세아의 안전과 공동의 번영을 이룩할 수 있으며 세계평화위업에 이바지할 수 있습니다(김일성(1991))"라고 하여, 아시아와의 협조를 강화할 것으로 주장하였다. 김일성의 이러한 언급은 사회주의 붕괴 이후, 북한의 변화된 환경에서의 대외정책의 변화를 보여주고 있다.

[7] 이러한 변화는 북한의 대외정책 전반의 변화와도 궤를 같이한다. 즉, 1990년대 이후, 북한은 사회주의 진영이 소멸된 상황에서 아시아 국가들, 비동맹 국가들, 미국과 일본까지도 포함하는 아시아 국가들까지도 적극적인 외교의 대상으로 설정하였다. 특히, 1990년대 일본으로의 접근은 '북일관계정상화'를 내걸고 상당히 구체적인 협상으로까지 발전하였다. 그러나 북핵문제는 이 모든 것들을 가로막는 장애물이었다. 북일관계에 대해서는 신정화(2004)와 손기섭(2017) 등을 참조할 것.

이 시기『경제연구』에서 드러난 북한의 세계경제에 대한 인식 역시 유사한 경향을 보여준다. 즉, 2000년대 이후『경제연구』에 게재된 세계경제와 관련된 항목을 살펴보면, 크게 세 가지 특징을 찾을 수 있다. 첫째, 세계경제 혹은 자본주의 경제이론에 대한 비판, 둘째, 세계화 현상에 대한 비판과 경계, 그리고 마지막으로 발전도상 나라들의 협력 강화에 대한 것 등이다.[8]

물론, 이 시기『경제연구』에 나타난 변화의 특징은 이 뿐만이 아니다. 과거에는 주로 제국주의적 약탈을 이론적으로 비판하는 것에 중심을 두었다면, 이 시기에는 보다 더 다양한 분야에서의 자본주의 경제의 '이해'를 위한 항목이 확대되어 나타나고 있다. 즉, 세계화 및 정보화, 대외무역의 동향과 봉사무역 등의 서비스업에 대한 현황과 강조 등이 나타나고 있다. 조금 더 구체적으로 살펴보면, 세계 경제 시스템에 대한 인식 대상이 구체화되었다는 점이다. 즉, 경제제도로는 자본주의적 국가소유제도, 부르주아국가제도, 기업제도, 시장거래 제도 등에 대한 논문이 실리고 있고, 경제 이론 및 사상 분야에서는 다양한 거시 및 미시 경제론에 대한 이해와 비판 등에 대한 언급이, 그리고 재정 및 금융 분야에서는 통화금융위기, 증권투기, 실업대란, 금융세계화 등에 대해 언급하고 있다. 또한, 대외 경제 분야에서는 원조, 투자, 외자도입, 관세방벽 등에 대한 언급이 실리고 있다(탁용달, 2010: 130).

이를 간단하게 범주별로 구분해보면, 첫째 세계경제에 대한 이론적 비판과 이해, 둘째, 발전도상 나라들을 중심으로 한 경제협력의 현황과 이해, 셋째, 대외무역에서 나서는 변화와 그 이해와 기술적 지식의 습득, 넷째, 정보산업의 확장과 그 이해, 그리고 마지막으로는 자신들에

---

[8] 2000년부터 2010년까지의『경제연구』에 실린 논문을 대상으로 하였다.『경제연구』의 세계경제에 대한 항목은 〈부록〉을 참조할 것.

대한 경제봉쇄와 그를 극복하기 위한 방도 등이다.

<표 1> 『경제연구』에 나타난 세계경제에 관한 주요 내요(2000-2010)

구분	주요 내용
세계경제에 대한 비판과 이해	자본주의 부르주아 이론의 비판 자본주의 경제의 모순과 제국주의적 약탈 미국 패권의 약화와 경쟁의 심화 〈세계화〉 현상에 대한 비판 자본의 국제화, 다국적 기업의 진출 통화와 금융
지역적 경제협력과 이해	발전도상 나라들의 국제적, 지역적협력 유로의 출현 동남아시아 국가들의 협력 아프리카 나라들의 지역적 경제 협력 생산과 기술의 협조
대외 무역에 대한 이해	자유경제무역지대 대외무역의 환경 변화 국제시장의 변동 무역에서의 실리(수출입) 환율 및 금융 시장
정보산업의 이해	정보산업의 발전과 자본주의적 이해 정보산업과 자본주의 시장의 변화 정보산업과 착취의 강화 및 소득 분배의 왜곡 지능로동 및 정보산업의 발전과 경쟁의 악화
경제봉쇄와 그 극복	제국주의 국가의 경제봉쇄 미국 및 일본의 대조선 경제봉쇄 경제 봉쇄 및 제재의 극복 방도

물론, 이의 범주에 속하지 않는 다양한 분야의 세계경제의 변화와 그를 위한 지식의 습득 등도 아울러 강조하고 있다. 이러한 변화는 과거 제국주의적 비판으로 일관하였던 데에서 벗어나 생존의 공간으로 세계경제의 이해의 필요성이 증대하고, 발전도상나라들로 표현되는 아시아 및 아프리카 나라들의 경제발전의 노력과 반제국주의 투쟁을 강조함으로써 한편으로는 (대외) 경제 관료들에게 세계경제에 대한 교육을, 다

른 한편으로는 북한이 나아가야 할 방향을 제시하는 목적을 수행하고 있는 것으로 보인다. 또한, 논조 역시 과거와 달리 자본주의에 대한 비판 일변도에서 벗어나 – 물론, 여전히 비판적이다 – 자본주의에 대한 이해와 '경제 일꾼'들의 대외 경제를 대하는 자세를 강조하는 것이 눈에 띄게 증대하고 있다. 특히, 다음과 같은 표현은 북한이 대외경제를 어떻게 인식하고 있는지를 분명하게 드러내주고 있다.

 "지난 시기 우리나라의 주되는 대외 시장은 사회주의 시장이었다...... 사회주의 시장에로의 진출은 크게 어려운 것이 없었으며 수출품종도 사회주의 시장조건에 맞는 것이면 되었다. 그러나 사회주의시장이 없어진 오늘의 조건에서는 자본주의 시장을 대상으로 하지 않으면 안 되게 되었다"(강영일, 2010: 36).

 물론, 위의 언급은 단지 이 시기에만 등장한 것은 아니었다. 이미 1990년대 사회주의 시장이 붕괴된 이후, 북한으로서는 유일하게 자본주의 시장을 대상으로 할 수밖에 없었다. 그러나 당시 김일성의 발언에서 알 수 있듯이, 북한은 자본주의 시장을 마주하면서 이를 정면으로 응시하기에는 어려웠다. 따라서 (동남)아시아-제3세계-자본주의 국가라는 협력적 위계질서를 상정하고, 이에 맞추어 대외경제관계를 조심스럽게 상대하고자 하였다. 이후, 1990년대의 경제위기와 '고난의 행군'을 거치면서, 2000년대 경제강국 건설을 본격적으로 추진하기 시작하면서 대외경제관계의 확대발전이 필수적으로 요청되었다. 즉, 2000년대 이후, 자본주의 시장에로의 진출이 더욱 중요해졌으며, '오직 너 아니면 나라는 극도의 개인주의 리념 하에 가치법칙의 작용에 의하여 조절되'는 '자본주의 시장에 적극적으로 진출하여야 하'는 것이 경제강국 건설을 위해서 확대발전시켜야 하는 과제로 나서게 된 사정과 관련되었다(오승일,

2010: 37). 이에 따라 앞서 〈표 1〉에서 보듯이, 자본주의 시장에 대한 다양한 지식의 습득을 위한 연구가 보다 더 활성화되었다. 이후, 이러한 과정은 김정은 시기에 더욱 강화되고 확장된 형태로 나타나게 된다.

결국 1990년대 이후의 탈냉전 시기, 그리고 김정일 시기 북한은 사회주의 시장의 소멸이라는 대외적 환경 속에서 자본주의 세계 경제를 '생존을 위한 공간'으로 인식하고, 이 공간 속에서 대외경제 관계를 어떻게 만들어나갈 것인가에 관심의 초점을 두었다고 할 수 있다.

3. 김정은 시기, 생존과 경쟁의 공간으로서 세계경제

1) 생존과 경쟁의 공간으로서 세계 경제

김정은 체제가 본격적으로 출범하는 2012년을 기점으로 『경제연구』에서의 세계경제에 대한 인식은 여러 가지 측면에서 변화하고 있다. 먼저, 앞서의 2010년까지의 『경제연구』와 비교하여 그 항목이 대폭 늘어났다.[9] 『경제연구』의 항목을 양적으로만 비교하여 북한의 변화된 세계경제에 대한 인식을 평가하는 것은 조심스럽지만, 최소한 양적인 증가는 그 만큼 세계경제에 대한 다양한 연구를 수행하고 있으며, 관련 경제 관료들에게 지식을 전달하고자 하는 목적이 커졌음을 의미한다. 또한, 그 내용에 있어서도 무역, 금융, 재정, 회계 및 봉사(관광), 정보, 국제법률 등으로부터 세무, 합영 및 합작, 지역화와 투자, 보험, 환율 등으

---

[9] 『경제연구』에 실린 대외경제관련 항목을 구분해보면 2000년부터 2010년까지는 한 호당 약 5.4편의 관련 논문이 실렸다. 반면, 2011-2017년 사이에는 약 9.6편에 달한다. 약 2배 이상 증가하고 있는 것이다. 이는 곧 2011년 이후, 대외경제관련 연구가 양적으로 확대되었고, 이를 적극적으로 발표하고 있는 것을 의미한다. 구체적인 항목은 〈부록〉을 참조할 것.

로까지 확장되고 있다. 특징적인 것은 세계경제의 〈세계화〉에 대한 비판이 지속되고 있지만, 그 초점이 점차 변화하고 있다는 점이다. 즉, 과거 〈세계화〉를 〈일체화〉로 해석하고 제국주의적 지배의 일환으로 해석했다면 - 그리고 이는 2010년까지 간헐적으로 등장하고 있다 - 최근 들어서 세계화에 대한 명시적 비판은 사라지고, 세계화에 대한 대응이나 혹은 그를 인정하고, 그 공간에서 어떻게 대외경제관계를 헤쳐 나갈 것인지에 집중하고 있다.10) 즉, 초기 세계화에 대해서는 제국주의의 지배 전략으로서 원칙적인 비판으로 일관했다면, 김정은 집권 이후에는 세계화를 세계경제 변화의 하나로 인정하고, 그 공간 속에서 어떤 전략과 전술로 임할 것인가를 말하고 있는 것이다.

<표 2> 『경제연구』에 나타난 세계경제에 대한 주요 내용(2011-2017)

구분	주요 내용
세계경제에 대한 비판과 이해	자본주의 경제 이론 비판 자본주의 사회의 변화와 시장 세계경제 연구의 필요성 강화
경제특구 및 경제개발구	자유경제무역지대 경제특구 및 개발구에 대한 이해 경제 특구의 운영 및 특혜 제도 법과 제도의 운영 합영과 합작
대외 무역에 대한 이해	대외무역의 환경 변화 국제 자본주의 시장의 변동 수출입 관련 관세와 비관세 무역의 다각화와 다변화 무역에서의 국제경쟁력 관광 및 봉사

10) 『경제연구』 대외경제관련 항목에서 세계화에 대한 명시적 비판은 2010년도에 등장한 이후, 2013년에 새롭게 등장하였다. 그러나 그 특징은 2010년까지가 세계화에 대한 그 자체의 비판이었다면, 2013년의 세계화는 오히려 '세계화'에 대한 대응을 말하고 있다. 즉, '세계화'의 공간 속에서 어떤 전략을 취할 것인가가 중심이 되고 있다.

금융 및 환율	국제 금융시장의 동향과 특징 환율 시세에 대한 이해와 대응 보험 및 자본 시장의 변화 대외결제 은행 등
경제봉쇄와 그 극복	미국 및 일본의 대조선 경제봉쇄 경제 봉쇄 및 제재의 극복 방도

특징적인 것은 세계경제에 대한 비판이 여전함에도 불구하고, 그 핵심 내용은 주되게 세계경제에 대한 '이해'에 초점이 맞추어져 있다는 점이다. 앞서의 이론적, 실천적 비판을 넘어 이에 대해 적극 대응해야 함을 강조하고 있는 것이다. 특히, 김정은 시기 『경제연구』만을 대상으로 나타난 특징이라고 한다면, 세계의 환율 및 그 변화 등에 대해 대단히 민감하게 반응하고 있다는 점이다. 여기에 국제 금융시장의 동향에 대한 항목이 상대적으로 증가하였고, 이에 대한 비판적 설명이 자주 나타나고 있다는 점이다. 이 역시 대외무역을 강화하기 위한 대외경제 환경에 대한 이해를 증진시키기 위한 목적, 그리고 이를 적절히 활용하기 위한 교육의 목적으로 판단된다. 앞의 〈표 1〉과 〈표 2〉를 비교한다면, 세계경제에 대한 이해와 비판, 대외무역, 그리고 경제봉쇄에 대한 내용이 주요하게 등장하고 있는 것은 유사하지만, 이 시기에 와서는 경제특구 및 금융과 환율 등에 대한 내용이 양적으로만이 아니라 그 내용에서 있어서도 다양하게 소개되고 있다는 점이다. 또한, 대외무역이나 세계경제에 대한 항목에서 그 내용에 있어서는 전혀 다른 모습을 보여준다. 즉, 2010년까지의 대외무역에 대한 내용이 주로 대외시장의 변화와 실리 추구의 강조였다면, 그 이후에의 내용은 훨씬 더 다양한 내용이 등장하고 있고, 대외 무역에서의 경쟁력 강화를 위한 다양한 방도들이 강조되고 있다. 이는 북한의 대외무역 정책이 더욱 적극적으로 변화했음을 보여주는 것이라 할 것이며, 무역에 있어서도 단순한 물자의 수출입을 벗어나서 관광, 봉사, 기술, 자문 등의 다양한 형태의 무역을 추구하

고자 함을 말해준다.

그렇다면 이러한 변화를 어떻게 이해할 수 있을까? 가장 분명한 것은 자신들의 경제발전을 위해 대외 경제 분야로의 진출을 적극적으로 독려하고, 변모된 세계경제의 공간 속에서 경쟁을 위한 다각적인 모색을 강화할 것이 요구되고 있다는 점이다. 주목할 만한 것은 이처럼 자본주의 시장에서의 생존을 넘어 경쟁을 제고하기 위해 광고, 상품가격과 품질 등에 중요성을 부여하고 있다는 점이다. 광고의 경우, '자본주의 시장에 뚫고 들어가 상품수출을 늘이기 위해서는 반드시 상품광고에 힘을 넣으며 그 질을 높여야 하'며(리금철, 2011: 51), 나아가 '상표가 시장에 진출하여 상품을 실현하는 데서 중요한 요인으로 작용'하고 있음을 강조하면서(김혁, 2016: 49), 이의 개발과 활용에도 주목해야 한다고 강조하고 있다. 상품 가격의 경우, 아예 '국제경쟁력을 규정하는 직접적 요인은 첫째로 상품생산물의 가격, 둘째로 상품생산물의 품질'이라고 규정하고 있다(김현아, 2013: 46). 이러한 표현은 북한의 대외무역이 단지 생존만을 위한 것이 아니라 적극적인 경쟁을 추구하고 있음을 보여준다. 여기에 국제 자본주의 시장에서 논란이 되는 금융 분야에 이르기까지 적극 진출하거나 혹은 그에 대한 대책을 제대로 세워야 함을 지속적으로 강조하고 있다.11) 여기에 자본주의 시장에 진출하기 위한 물가

11) 흥미로운 점은 대외 금융 분야에 대한 지식 습득을 넘어 이를 적절히 활용할 것은 요구하고 있다. 『경제연구』 2013년 2호에는 다음과 같은 구절이 보인다. 길지만 그대로 인용한다. "지금 국제금융시장에서는 통화파생금융상품개발경쟁이 치열하게 벌어지고 있다. 누가 더 효과적인 통화파생금융상품을 개발하는가 하는데 따라 조작의 성과가 크게 좌우지되는 것만큼 경쟁적으로 통화파생금융상품개발에 박차를 가하고 있다. 때문에 우리도 우리 실정에 맞는 통화파생금융상품개발기술을 확립하여 통화파생금융상품에 의한 환자조작의 성과를 확대해나가야 한다...... 일부 통화파생금융상품에 의한 환자조작은 적은 자금밑천과 일정한 지식만 있어도 진행할 수 있는 것만큼 대외경제거래에 참가하는 모든 일군들이 참가할 수 있다. 대외경제거래에 참가하는 모든 경제일군들에게 통화파생금융상품조작방법과 예측기술에 대한 강습을 조직하여 그

변동, 환율변동, 시세변동 등 항시적인 변동에 적절히 대척할 것을 요구하고 있다(김세영, 2015: 53).

　이와 함께, 2011년 이후, 눈에 띄는 변화는 경제특구 및 경제개발구 건설을 지속적으로 강조하고 있다는 점이다. 2013년 북한이 중앙급 경제특구와 더불어 지방급 경제개발구를 선정하고, 이를 통한 자본과 기술의 도입, 합영-합작의 강조라는 정책적 요구에 부응하여, 경제특구에 대한 세무, 금융, 봉사, 생산과 수출 등의 다방면에서 이의 적극적인 대책을 요구하고 있는 것이다. 특히, 북한은 경제특구와 경제개발구를 분리하여, 그 동안 내부와의 연계를 차단해왔던 경제특구 개발과 달리 경제개발구는 내부와의 연계를 적극적으로 요구하고 있다.[12] 즉, 북한이 주장하는 경제개발구의 특징의 하나는 '개발구밖에 있는 국내기업체들과의 생산소비적련계가 필수적요구로 제기된다는데 있다.… 개발구 밖에 있는 국내기업체들에 대한 생산소비적의존도가 매우 높고 따라서 지대 밖과의 생산소비적련계를 필수적 요구로 하고 있다는데 바로 경제개발구의 중요한 특징이 있다"고 하여(김영철, 2016: 49), 기존에 사상문화적 침투가 내부에 스며들지 못하게 하여야 한다는 입장과는 차이를 보이고 있다. 더욱이 경제개발구의 원칙으로서 다음과 같은 지적은 북한이 세계경제를 대하는 입장이 과거와는 확연히 다르다는 것을 명확하게 보여주고 있다.

　　"생산과 봉사의 국제경쟁력을 높이는 원칙을 지켜야 한다. 생산과

　　에 대한 견해와 확신을 가지도록 하면서 점차적인 방법으로 거래를 확대하고 그 성과를 공고히 해나가야 한다"(림호성, 2013: 57).

[12] 북한의 합영-합작의 원칙에서 사상문화적 침투에 대한 입장은 다음과 같다. "합영, 합작을 진행하는데서도 경제개발구와 같은 일정한 지역에 집중시켜 적들의 사상문화적침투가 우리 내부에 스며들지 못하게 할 것을 요구하고 있다"(박윤철, 2015: 55).

봉사의 국제경쟁력을 높인다는 것은 개발에서 대외시장을 중시하는데 선차적인 주의를 돌림으로써 경제개발구에서 생산되는 제품과 제공되는 봉사수준이 다른 나라들의 것과 당당히 맞서 경쟁할 수 있게하며 상표들을 국제적으로 지명도가 높은 이름있는 상표로 만드는데 힘을 넣는다는 것이다"(김일민, 2016: 55).

이러한 현상은 곧 북한의 세계경제에 대한 인식이 기존의 생존의 공간에서 치열하게 경쟁해야 하는 공간으로 변화였음을 보여준다. 즉, 이제 북한은 1990년대 이후, 단지 자본주의 시장을 상대해야 하는 입장에서 벗어나, 이를 자신들의 '국제경쟁력'을 강화시켜 경쟁해야 하는 공간으로 인식하고 있으며, 이를 위해서는 현재의 세계경제에서 벌어지고 있는 다양한 현상들에 대한 지식의 습득, 자본과 기술의 습득, 생산과 봉사의 경쟁력 확보 등의 준비를 갖추어 나가야한다는 것을 말하고 있는 것이다. 이러한 북한의 입장은 2010년대 이후, 국제사회의 봉쇄에 따른 대응과도 관련된다. 한편으로는 국제경쟁력을 높여야 하는 과제와 함께, 자신들 앞에 놓여있는 거대한 봉쇄망을 뚫어내야 하는 과제를 동시에 안고 있는 것이다. 이는 세계경제에 대한 인식의 변화와 더불어, 이를 위한 적극적인 대책을 만들어야 하는 것과도 관련된다.

2) 경제봉쇄와 북한의 대응

북한은 스스로를 세계경제와 단절했다고 주장하지 않는다. 오히려, 경제봉쇄를 통해 단절을 당하고 있다고 주장한다. 실제로 북한에 대한 경제봉쇄는 한국전쟁 이후 지속되었고, 최근에는 북한의 핵-미사일 실험으로 인해 국제사회의 강력한 제재와 봉쇄가 실시되고 있다.

<표 3> 국제사회의 북한 제재 현황

제재	원인
제825호 (1993년 5월 11일)	- 1993년 3월 12일 NPT 탈퇴 선언 - IAEA 사찰 거부
제1695호 (2006년 7월 15일)	- 2006년 7월 5일 대포동 2호 장거리 미사일 발사
제1718호 (2006년 10월 14일)	- 2006년 10월 1일 제1차 핵 실험
제1874호 (2009년 6월 12일)	- 2009년 6월 12일 제2차 핵 실험
제2087호 (2013년 1월 12일)	- 2012년 12월 12일 장거리 미사일 은하 3호 발사
제2094호 (2013년 3월 7일)	- 2013년 2월 12일 제3차 핵 실험
제2270호 (2016년 3월 2일)	- 2016년 1월 6일 제4차 핵 실험 - 2016년 2월 7일 장거리 미사일 광명성 4호 발사
제2321호 (2016년 11월 30일)	- 2016년 9월 9일 제5차 핵 실험
제2356호 (2017년 6월 2일)	- 2016년 9월 9일 이후부터 실시한 일련의 탄도 미사일 실험
제2371호 (2017년 8월 5일)	- 2017년 7월 4일 대륙간탄도미사일(ICBM급) 발사
제2375호 (2017년 9월 11일)	- 2017년 9월 3일 제6차 핵 실험
제2397호 (2017년 12월 22일)	- 2017년 11월 29일 화성-15형 발사

* 출처: 강승규(2017: 20-21)에서 재구성

위의 <표 3>에서 보듯이, 1990년대 이후 북한에 대한 국제사회의 제
재는 총 12차례에 걸쳐 이루어졌다. 북한이 목표로 하는 경제강국 건설
을 위해서는 이러한 경제제재를 돌파하지 않으면 안 되는 상황인 것이
다. 이는 김정은 시대에 들어와 세계경제를 생존을 넘어선 경쟁의 공간
으로 인식하는 변화를 보여주었지만, 이를 헤쳐나가기 위해서는 현재
진행되고 있는 봉쇄와 제재를 극복하는 것이 더욱 중요한 요구가 되고

있음을 말해준다. 따라서 북한으로서는 내부적으로는 자력갱생/자강력 제일주의를 내세우면서도 한편으로는 국제경쟁력의 확보, 경제특구를 통한 돌파, 무역의 다원화/다각화 등을 시도하고 있는 것으로 보인다. 그러나 현재 진행되고 있는 제재와 봉쇄는 결국 북한의 핵과 미사일 문제의 근원적 해결을 통해서만 가능하다는 점에서 경제 정책의 수단을 통해서는 해결되기 어렵다.

그럼에도 불구하고 『경제연구』에서는 이러한 경제봉쇄를 극복하기 위한 다양한 방안과 원칙들이 제시되고 있다. 먼저, 국제사회의 제재에 대해서는 원칙적으로 식민지 지배와 약탈을 위한 제국주의자들의 책동으로 파악하면서(김복덕, 2002), 이러한 제재를 뚫고 나가기 위해서는 대외경제관계를 강화, 발전시켜야 한다고 주장하고 있다. 북한은 미국에 의한 경제 봉쇄/제재로 인하여 자신들의 '무역, 금융, 투자, 과학기술 교류, 부동산, 보험, 수송, 우편통신, 주민래왕 등 모든 분야'에서 어려움을 겪고 있음을 토로하고 있다(고영남, 2011: 62).[13] 따라서 이를 극복하는 것은 대외경제관계를 확대하고, 경제강국을 건설하는 데서 필수적으로 요구되는 것이라고 강조한다. 따라서 이를 극복하기 위해서는 먼저, 무역의 다각화와 이를 위한 수출품종의 다양화를 추구해야 하며, 특히 봉사무역, 이 중에서도 관광봉사무역을 발전시키는 것(김대룡, 2014: 44-45), 경제개발구 사업을 밀고 나가는 것(김영철, 2015: 42), 대외 신용업무를 확대하는 것(김성철, 2010: 51) 등을 들고 있다. 중요한 것은 북한이 김정은 시기에 들어와 국제경쟁력 개념을 적극적으로 사용하고 있고(전은숙, 2005: 43),[14] 국제경쟁력을 높이기 위한 일련의 노력을 강

---

[13] 특히, 이 글에서는 대외금융업무가 상당한 어려움에 처해있음을 시인하고 있다. 즉, '미제의 악랄한 금융제재 속에 우리 나라 은행들이 다른 나라 은행들과 딸라 결제를 하는 경우 미국은행들에서 해당자금이 무조건 동결되는 것으로 하여 국제시장에서의 금융결제가 이루어지지 못하고 무역활동에서 커다란 재정적 손실을 보게 되었다.'고 하고 있다(64쪽).

조하고 있다는 점이다. 이미 2000년대부터 국제경쟁력을 강조하였던 북한은 대외무역의 확대를 더욱 적극적으로 주장하면서, 국제경쟁력을 갖추기 위한 몇 가지 원칙들을 말하고 있다.[15] 이러한 주장은 김정은 시기 더욱 강조되어 아예 '우리가 합영, 합작사업을 진행하는 목적의 하나도 국제시장에서 경쟁력이 있는 제품을 생산, 수출하여 더 많은 외화를 벌자는데 있다'거나(박윤철, 2015: 54), '생산과 봉사의 국제경쟁력을 높이는 원칙을 지켜야 한다. 생산과 봉사의 국제경쟁력을 높인다는 것은 개발에서 대외시장을 중시하는데 선차적인 주의를 돌림으로써 경제개발구에서 생산되는 제품과 제공되는 봉사수준이 다른 나라들의 것과 당당히 맞서 경쟁할 수 있게 하며 상표들을 국제적으로 지명도가 높은 이름있는 상표로 만드는데 힘을 넣는다는 것'으로 설명하고 있다(김일민, 2016: 55). 그리고 이러한 국제경쟁력의 강화는 곧 경제제재/봉쇄를 돌파하는 것이 되며, 이렇게 함으로써 대외경제관계를 확대발전시키고, 경제강국 건설을 이룩할 수 있다고 주장하고 있다.

현재 진행되고 있는 경제제재와 봉쇄에 대한 북한의 대응책은 앞서 말한 것처럼, 내부적으로는 자력갱생-자강력 제일주의의 강조와 함께 다양한 방식으로의 대외무역을 확대하는 것이라고 할 수 있다. 그리고 이러한 대외무역에는 단순히 물자의 수출입만이 아니라 봉사무역-관광, 금융분야의 확대, 합영과 합작 등의 추진이라 할 수 있다. 무역에 있어서도 무역의 다각화만이 아니라 '창조적(?)'인 방식을 통한 다양한 무역

---

14) 한편, '국제경쟁력은 한 나라의 경제가 대외시장수요에 질량적으로, 시공간적으로 대처하며 지속적으로 이익을 얻을 수 있는 능력'이라고 규정하고 있다(김현아, 2013: 45).

15) 탁용달에 따르면, 이 시기부터 북한의 세계경제에 대한 미시적 변화는 '국제경쟁력'이라는 이름으로 해석하면서, 다양한 방식으로 무역을 진행하며, 경쟁력을 높이기 위한 연구와 방도를 찾아야 한다고 주장하고 있다고 한다(탁용달, 2010: 132).

의 방식을 개발할 것을 요구하고 있다.[16)]

　그럼에도 현재의 경제제재를 돌파하기는 쉽지 않아 보인다. 의욕적으로 추진했던 경제개발구의 성과는 미미하며, 대외무역은 오히려 축소되고 있는 듯이 보인다. 현재의 국제제재가 이전과 달리 촘촘하게 이루어질 뿐 아니라, 중국이 제재에 동참하면서 내부의 경제적 어려움이 가중되고 있는 듯이 보인다.[17)] 이에 따라 북한은 '혁명적 대응전략'을 통해 제재에 대처하고 있는 듯이 보인다. 2017년 열렸던 당 정치국회의에서 '혁명적 대응전략'이 논의되었고, 2018년 신년사에서도 '혁명적 대응전략'을 되풀이하여 강조하고 있다(김정은, 2018).[18)] 또한, 2017년 12월 열렸던 당 세포위원장 대회에서는 김정은이 직접 폐회사를 통해 "우리가 지금까지 해놓은 일은 다만 시작에 불과하며 당 중앙은 인민을 위한 많은 새로운 사업들을 구상하고 있다"고 함으로써(김정은, 2017), 경제와 관련된 새로운 조치를 취할 것임을 암시하고 있다. 현재로서는 어떠한 내용인지 확인되지 않고 있지만, 현재의 제재와 봉쇄를 뚫고 경제건설을 위한 새로운 조치들을 구상하고 있는 것만은 분명해 보인다. 그러나 그것이 무엇이든 현재의 제재와 봉쇄는 정치-군사적인 문제로부

---

16) 이와 관련해서 Hastings는 북한의 무역이 대외환경의 엄혹한 조건에서도 창조적이며, 적응적인 성격을 갖추고 있고, 따라서 제재가 외부세계가 원하는 만큼의 성과를 거두기 힘들다고 주장하고 있다. Hastings의 주장은 북한의 무역이 formal-informal, licit-illicit 사이를 가로지르고 있으며, 무역의 주체로서 북한의 기업 역시 private-hybrid-state enterprise 로서의 모호한 성격을 가지고 있다고 주장하고 있다. 또한 그 활동무대 역시 우리의 예상과는 달리 전 세계(globe)를 대상으로 하고 있고, 그 형태 또한 바퀴살 모양(hub-and-spoke)으로 형성되어 있다고 주장한다(Hastings, Justin V., 2016).
17) 북한의 경제제재 효과에 대해서는 크게 두 가지로 의견이 나뉘고 있다. 즉, 경제제재의 효과가 북한에 심각한 타격이 되고 있다는 주장과 제재의 효과가 분명하지만 북한을 무릎 꿇게 할 정도로 효과적이지는 못하다는 것이다. 그러나 어느 경우든 제재가 최소한 일부분 효과를 발휘하고 있음에는 틀림없어 보인다.
18) 북한의 경제정책의 변화에 대해서는 이창희(2016)를 참조할 것.

터 비롯되었고, 그 해제 역시 정치-군사적인 문제가 풀리지 않으면 어렵다는 점에서 전반적인 국가전략의 틀을 수정하거나 국면을 전환할 것을 요구받고 있다. 이는 단지 북한의 세계경제에 대한 인식을 변화시키는 것뿐 아니라, 변화된 인식에 맞게 현실에서의 구체적인 정책의 변화 또한 필수적이라 할 것이다. 지금까지 김정은 시기의 경제정책이 개혁과 개방으로의 움직임을 보여주었다면, 앞으로 세계경제를 향한 북한의 정책 역시 지금까지와는 다른 방식으로 나타날 것으로 예측된다.

4. 나가며

지금까지 북한을 둘러싸고 크게 두 가지 시선이 교차하였다. 하나는 '북한불변론'으로 북한 체제의 변화하지 않는 모습을 강조하는 시선이며, 다른 하나는 '북한변화론'으로서 북한 체제가 변화하고 있다는 것이 그것이다. 그러나 '북한불변론'은 주로 북한의 정치-군사적인 측면에 집중하고 있고, '북한변화론'은 주로 경제-사회적인 측면에 집중하고 있다는 점에서 동전의 한 면만을 배타적으로 강조하고 있다고 할 수 있다. 적어도 지금까지 살펴본 북한의 세계경제에 대한 인식은 끊임없는 변화의 모습을 보여주고 있다. 그리고 그 방향은 '반(反) 제국주의의 시선'을 통해 세계경제를 인식하던 데에서 점차 '생존과 경쟁의 공간'으로서 실리를 중심에 놓는 시선으로 변화하고 있다. 물론, 북한은 여전히 세계경제가 불평등한 공간으로서 제국주의의 경제적 지배와 약탈이 이루어지는 공간으로 바라보고 있다. 그러나 사회주의진영의 붕괴로 인해 이러한 시각은 자본주의 시장만을 상대해야 하는 현실 속에서, 생존을 위한 공간으로 변할 수밖에 없었으며, 김정은 시기에 들어와서는 생존을 넘어선 '경쟁의 공간'으로 변모하고 있다.

'경쟁의 공간'으로 세계 경제를 인식하는 것은 곧, 북한 스스로가 이야기 하듯이 경쟁력을 높여 자국의 경제발전을 위한 무대가 된다는 것을 의미한다. 즉, 북한에게 이제 세계경제는 자국의 '발전'의 승패를 가르는 장소가 되어 가고 있으며, 따라서 북한으로서는 내부의 경제개혁을 넘어서서 개방을 통한 본격적인 경쟁의 길로 들어서야 함을 의미한다. 이미 북한은 '5.30 조치' 등을 통한 내부 경제개혁을 꾸준히 진행하고 있으며, 화폐를 매개로 한 경제 논리를 적극적으로 도입하고 있다.[19] 여기에 무역을 중심으로 한 대외경제관계의 확대를 위한 시도를 지속하고 있다. 이것이 의미하는 바는, 비록 현재의 핵과 미사일 문제로 인해 한반도의 상황이 불안정하고 정치-군사적 대립이 전면에 부각되고 있지만, 다른 측면으로는 북한을 개방의 길로 이끌어내고 남북한의 경제협력 및 북한의 세계 경제 속에서의 행위자로 이끌어내는 것이 가까운 미래의 현실로 될 가능성이 높다는 것을 의미한다. 김정은 시대의 '병진노선'이 결국은 경제발전으로 귀착되리라는 것이 가까운 미래에 현실화될 것으로 예상된다.[20]

최근 북한이 보여주고 있는 파격적인 변화 역시 이와 관련이 깊다 할수 있다. '핵무력 완성' 이후, 적극적인 평화공세의 이면에는 경제발전을 목적으로 하는 북한의 국가전략이 놓여있는 것이다. 결국 우리에게는 이러한 북한의 변화를 읽어내고, 이에 맞는 적절한 정책을 수립하고 실천할 수 있는가가 중요한 문제로 나선다. 그러기 위해서도 북한이 바라보는 세계경제(혹은 국제질서)를 면밀히 파악하고, 이에 대한 준비를 게을리 하지 않아야 할 것이다.

---

[19] 북한의 경제를 화폐를 매개로 분석한 논문으로는 김기헌(2015)을 참조할 것.
[20] 이런 점에서 정영철과 이정철은 북한의 병진노선이 경제발전과 밀접한 관련을 맺고 있음을 주장하고 있다(Chung, Youngchul et al., 2016; 이정철, 2016). 또한 2018년 공식적으로 '병진노선'을 대신하여 '경제건설 총력집중'이 선언되었다.

참고문헌

강승규, "UN안전보장이사회의 대북 제재와 북·중 관계 연구," 서강대학교 공공정책대학원 석사학위 논문, 2017.

강영일, "현시기 수출무역지표의 합리적 설정은 나라의 대외지불능력 제고의 중요담보," 『경제연구』 1호, 2010.

고영남, "우리 나라의 대외경제적련계를 차단하여온 미제의 악랄한 책동," 『경제연구』 2011년 2호, 2011.

김계동, 『북한의 외교정책과 대외관계』(서울: 명인문화사), 2016.

김기헌, "북한 '화폐경제'의 원형과 붕괴에 대한 연구: 1990년대 중반을 중심으로," 북한대학원대학교 경제학과 박사논문, 2015.

김대룡, "현실발전의 요구에 맞게 무역단위와 수출품을 결정적으로 늘이는데서 나서는 몇가지 중요한 문제," 『경제연구』 3호, 2014.

김복덕, "진보적나라들에 대한 제국주의의 경제제재책동의 약탈성," 『경제연구』 1호, 2002.

김성철, "국제금융시장에 적극 진출하는데서 나서는 몇 가지 문제," 『경제연구』 3호, 2010.

김세영, "대외경제교류의 경제적 효과성 타산에서 지켜야 할 중요원칙," 『경제연구』 1호, 2015.

김영철, "각 도에 창설되는 경제개발구들의 특징," 『경제연구』 4호, 2016.

김영철, "경제개발구개발사업을 적극 밀고나가는 것은 경제강국건설의 중요요구," 『경제연구』 4호, 2015.

김일민, "경제개발구개발에서 나서는 몇 가지 원칙," 『경제연구』 3호, 2016.

김일성, "남남협조와 대외경제사업을 강화 하며 무역사업을 더욱 발전시킬데 대하여(1984.1.26)," 『김일성저작집 38권』(평양: 조선로동당출판사), 1992.

김일성, 〈1991년 신년사〉, 1991.

김정은, 〈2018년 신년사〉, 1991.

김정은, 〈세포위원장 대회 폐회사〉, 2017.

김정일, "반제투쟁의 기치를 더욱 높이들고 사회주의, 공산주의길로 힘차게 나아가자(1987.9.25)," 『김정일선집 12권(증보판)』(평양: 조선로동당출판사), 2011.

김　혁, "국제무역에서 상표장벽과 그 특징,"『경제연구』 2호, 2016.

김현아, "경제의 세계적인 경쟁력에 대한 일반적리해와 그 규정요인,"『경제연구』 3호, 2013.

김희봉, "시선의 미학: 시선에 관한 현상학적 반성,"『철학연구』 89집, 2010.

리금철, "수출무역에서 광고의 역할,"『경제연구』 4호, 2011.

림호성, "통화파생금융상품조작에서 나서는 중요한 문제,"『경제연구』 2호, 2013.

박윤철, "합영, 합작대상선정사업에서 견지하여야 할 주요원칙,"『경제연구』 3호, 2015.

손기섭,『동북아 국제관계와 한반도』(부산: 부산대출판부), 2017.

신정화,『일본의 대북정책』(서울: 오름), 2004.

오승일, "현시기 대외무역에서 가치법칙의 옳은 리용은 대외경제관계발전의 중요담보,"『경제연구』 2호, 2010.

이정철, "북한의 공세적 대외정책과 경제확장전략: 핵-경제 병진 노선의 역조합,"『사회과학논총』 18, 2016.

이창희, "제7차 조선로동당 대회로 살펴본 북한 경제정책의 변화,"『현대북한연구』 19권 3호, 2016.

전은숙, "자본주의증권류통시장과 그 기능,"『경제연구』 1호, 2005.

정규섭,『북한의 외교의 어제와 오늘』(서울: 일신사), 1997.

정영철,『북한의 개혁·개방: 이중전략과 실리 사회주의』(서울: 선인), 2004.

탁용달, "북한의 세계경제에 관한 인식과 정책변화에 관한 연구: 2000년대 전후를 중심으로,"『북한학보』 35권 2호, 2010.

Chung, Youngchul et al., "State strategy in the Kim, Jong-un era: The "Byongjin" policy of pursuing economic and nuclear development", *Korea Observe*, Vol.47, No.1, 2016.

Hastings, Justin V., *A Most Enterprising Country: North Korea in the Global Economy*(Ithaca: Cornell University Press), 2016.

<부록> 2000-2016년 『경제연구』 대외경제관련 항목

년, 호	제 목
2000.1	발전도상 나라들의 국제경제기구는 새로운 국제경제질서 수립의 담보
	〈아시아개발은행〉은 낡은 국제통화금융질서의 산물
	미제의 〈전아메리카자유무역권계획〉과 그 침략적, 략탈적 본질
2000.2	발전도상나라들 사이의 생산기술적협조의 중요형태
	현대부르주아경제이론은 현대제국주의를 변호하는 반동적인 리론
	다국적기업체의 략탈적, 침략적 정체
	자본주의가 복귀된 여러 나라들에서 〈부익부, 빈익빈〉현상의 심화와 특징
	1990년대 일본에서 회수불가능한 채권의 증대와 그 후과
	현시기 미일사이의 투자분쟁을 통한 경제적 대립과 모순
	미제에 의한 세계경제 〈일체화〉책동의 반동적 본질
2000.3	발전도상나라들의 지역경제통합 추세와 사회경제적 배경
	유로의 출현과 일반적 특징
	아세안자유무역지대의 창설과 지역내 무역의 확대
	제국주의의 지역경제통합이 세계경제발전에 미치는 파국적 후과
	인플레가 직접투자형태의 자본수출에 미치는 심각한 영향
	독점의 현대적 형태와 제국주의의 침략적, 략탈적 본성의 강화
	경제의 〈세계화〉의 〈필연성〉에 대한 제국주의 변호론자들의 설교의 반동성
2000.4	2000년대에 들어선 동남아시아 나라들의 결제발전과 그 전망
	발전도상나라들의 경제적 자립과 생산기술적 협조
	자본주의예금시장변화에서 주목되는 몇 가지 문제
	제국주의의 국제경제기구가 세계경제발전에 미치는 부정적 영향
	자본주의렬강들의 시장분할대상에서 일어난 변화
	통화선물거래와 가격설정방법
2001.1	가공무역형태의 자유경제무역지대 발생발전과 그 특징
	현시기 발전도상나라들 사이의 생산기술적 협조를 확대발전시키는데서 나서는 중요한 문제
	자본주의 기업의 〈다국적화전략〉은 다른 나라에 대한 경제적 침략과 략탈의 수단
	자본주의 나라들에서 기형적인 인구고령화가 사회의 경제생활에 미치는 심각한 후과
2001.2	국제시장에 대한 연구에서 나서는 중요한 문제
	〈인재양성〉 및 〈전문가파견〉은 발전도상나라들에 대한 제국주의자들의 과기술적지배와 예속의 주요형식
	현시기 자본주의통화금융위기의 일반적특징
	부르주아속류상품가치론의 반동적 변화과정
	자본주의시장경제생태의 취약성
2001.3	제국주의자들의 경제의 〈세계화〉책동을 짓부시는 것은 사회주의 경제제도를 고수하기 위한 중요한 요구
	메콩강유역개발을 통한 동남아시아나라들의 지역내 경제협력의 강화
	최근 자본주의 부동산 시장에서 일어나고 있는 변화
	경제에 대한 국가적 간섭의 강화와 시장의 자동적 조절의 경향을 합리화하는 현대부르주아변호론의 반동성
	침략전쟁을 통한 일본독점자본의 팽창과 부활
	세계경제 〈일체화〉를 반대하는 발전도상나라들의 투쟁
	소유〈다양화〉와 반인민적자본주의시장경제의 복귀

2001.4	싱가포르 국제금융시장의 특징
	일본종합상사의 세계 여러 나라들에 대한 경제적침투수법의 교활성
	일본 〈산군복합체〉형성의 력사적 과정
	자본주의 회계에서 적용되는 련결재무결산제도의 반동성
	세계의 〈일체화〉는 제국주의 강권과 전횡, 지배주의적 책동의 경제적 도구
	자본주의 나라들에서 로년인구의 사회경제적처지의 악화
2002.1	환자시세변화와 통화팽창에 의한 국제시장가격변동
	1980년 이후 자본주의 세계경제의 경기변동의 일반적 특징
	진보적나라들에 대한 제국주의의 경제제재책동의 약탈성
	낡은 국제경제질서의 략탈적 성격
2002.2	1991~1993년 세계경제공황의 특징
	자본주의 사회에서 정보산업의 발전과 〈부익부〉, 〈빈익빈〉 현상의 심화
2002.3	현시기 국제상품시장에서 나타나고 있는 주요 변화
	현대제국주의나라들에 류포되어 있는 기회주의적인 〈복지국가론〉의 반동성
	경제에 대한 제국주의 국가들의 전면적 간섭
	국가독점자본주의는 현대제국주의의 정치경제적 기초
	일본종합상사의 해외진출과 다국적기업화
	제국주의자들에 의한 무역의 〈세계화〉책동과 그를 반대하는 발전도상나라들의 투쟁
	〈세계화〉와 그 경제적 후과
2002.4	정보산업의 발전과 자본주의사회에서 근로대중의 경제생활의 악화
	제국주의 독점자본의 기술집약적산업침투책동과 그 후과
	부르주아어용통계의 리론적 전제와 그 부당성
2003.1	대외무역의 발전은 발전도상나라들의 경제건설에서 나서는 중요한 요구
	소득에 대한 국제2중과세방지협정체결에서 나서는 원칙적 요구
	유로의 류통과 그것이 주요 자본주의 나라들의 경제에 미치는 영향
	정보산업의 발전과 자본주의 리윤경제
	현대 자본주의분업체계의 중요특징
	자본주의가 복귀된 나라들에서 날로 표면화되고 있는 녀성들의 사회경제적 처지의 악화문제
2003.2	대외무역에서 실리를 보장하기 위한 방도
	수출품의 판로선택에서 타산하여야 할 요인
	현시기 자본주의나라들에서 림시고용의 증대와 그를 통한 자본주의적 착취의 강화
	부르주아국가는 식민지 및 발전도상나라들에 대한 다국적기업체의 경제적 침략을 위한 권력수단
2003.3	현시기 국제보험시장에서 일어난 변화의 중요특징
	자본주의 〈조세원칙〉의 반동성
	자본주의 〈회계일반원칙〉의 기만성
	자본주의적 재생산에 대한 연구
	인플레를 합리화하는 부르주아변호론의 반동성
	사회주의경제에 대한 당과 국가의 지도를 부인하는 현대사회민주주의 경제리론의 반동성
	미 제국주의의 침략적, 략탈적 본성의 사회경제적 기초
2003.4	무역거래에서 실리의 원칙
	현시기 수입무역에서 제기되는 중요한 문제
	기술무역을 발전시키는데서 나서는 원칙적 요구
	국제보험시장에서의 보험료수입과 그에 영향을 주는 요인

	최근 아프리카지역에서 강화되고 있는 지역경제통합의 특징
	국가의 간섭을 주장하는 〈신보수주의〉발생과 기본특징
	〈유효수요〉에 대한 거시경제리론의 반동성
	현대사회민주주의자들이 설교한 〈완전독립채산제〉의 반사회주의적 성격
	자본주의중앙은행의 〈인플레목표정책〉의 부당성에 대하여
	제국주의자들의 아시아지배전략과 경제적예속화책동
2004.1	정보산업시대 자본주의고용제도의 특징과 실업의 장성
	세계경제 지역화와 그 심화발전
	잉여가치학설이 나오게 된 시대적 배경과 그 리론의 제한성
	국민소득구조에 대한 부르주아적 견해 비판
	부르주아미시경제학의 특징과 반동성
	자본주의기업에서 리윤분배의 반인민성
2004.2	동북아시아나라들과 무역을 확대발전시키는데서 나서는 중요요구
	사회주의배신자들의 사회주의경제의 집단주의적 성격과 본질에 대한 비방의 반동성
	발전도상나라들에 대한 국제독점의 경제적략탈의 강화
	부르주아미시경제리론이 설교하는 〈소비자행동〉리론의 반동성
	부르주아사회개량주의적 〈혼합경제론〉 비판
	1990년대 발생하여 류포된 현대부르주아경제리론 비판
	현시기 해외경제적 팽창을 둘러싼 제국주의렬강들 사이의 모순의 심화
2004.3	발전도상나라경제지역화의 본질과 특징
	정보산업시대 자본주의로동시장의 특징
	부르주아미시경제학이 설교하는 〈소득분배리론〉의 반동성
	아프리카나라들에 대한 제국주의렬강들의 경제적지배정책에서 일어난 새로운 변화
	자본주의회계검증제도의 기만성
	현시기 심각화되고 있는 일본의 경제위기와 그 요인
2004.4	대외상품시장체계와 그 구조
	국제무역에서 적용되고 있는 〈가공공정기준〉에 의한 원산지규제에 대하여
	현시기 확대발전하고있는 발전도상나라들의 봉사무역
	자본주의경기순환에 대한 연구
	리윤에 대한 현대부르주아경제리론의 특징과 반동성
	현대자본주의주식회사 의사결정제도의 중요특징
	자본주의나라들에 류포된 기회주의적인 우익사회민주주의 경제리론의 발생과 특징
	〈동아시아경제권〉을 조작하려는 일본반동들의 책동
	미제에 의한 일본독점자본의 부활과 그 후과
2005.1	경제지역안의 발전도상나라들 사이 금융통화분야에서 협조의 강화
	자본주의증권류통시장과 그 기능
	〈로동조합관계관리〉는 로동자들에대한 착취를 강화하기 위한 기만적인 수단
	자본주의사회에서 정보산업의 발전과 실업문제의 악화
	〈기술적호상작용론〉의 반동성
	미제의 대조선경제봉쇄책동의 특징
2005.2	자본주의유한회사와 그 특징
	현대자본주의기업의 업무집행기구는 독점자본의 의사집행기구
	환경보호의 사회경제적성격을 외곡하는 부르주아리론의 반동성
	〈호상의존성론〉의 반동성

	〈효과적인 국가의 경제정책〉에 대한 현대부르주아경제리론의 반동성
	제국주의변호론자들이 설교하는 〈지구공동체론〉의 반동성
	딸라위기의 심화
	현시기 유럽동맹과 미국사이의 통화금융적대립과 모순의 심화
	미제의 대조선경제봉쇄책동의 반동적 본질
2005.3	국제보험시장에 적극 진출하는 것은 대외보험사업발전의 중요한 요구
	국제금융기구들의 〈지도적역할론〉
	현시기 세계적인 원유가격파동과 그 주요원인
	자본주의 〈회계정보론〉의 부당성
	자본주의 〈경제기술적진보〉와 〈부익부, 빈익빈〉의 심화
	정보산업시대 자본의 착취의 특성
	장기침체에서 벗어나지 못하는 미국경제의 구조적 취약성
	미제에 의한 경제의 군사회책동의 강화
2005.4	대외상품시장체계의 안정성과 그 보장방도
	국제보험시장에 대한 조사연구에서 나서는 기본요구
	발전도상나라들의 통화금융체계의 〈개혁론〉의 반동성
	현대사회민주주의자들이 추구한 〈스웨리예식사회민주주의〉와 그 위기
	자본주의사회에서 정보산업발전의 제한성
	현시기 자본주의 나라들의 고용로력자구성에서 지능로동자들의 비중의 증대
	자본주의나라 세종구성에서 나타나는 반인민성
	자본주의사회에서 화폐자본운동의 특성
	미제의 대조선경제봉쇄책동파산의 불가피성
2006.1	국제시장에서 유럽동맹의 경쟁력의 강화
	부르주아고전정치경제학이 제기한 〈소득분배론〉의 반동성
	현시기 자본주의무역에서 강행적인 수출촉진에 의한 수입규제의 심화
	정보산업시대 자본주의사회에서 근로인민대중의 생활처지의 악화
	일본농업의 락후성과 그 요인
	제국주의자들의 경제 〈세계화〉의 책동과 그 파산의 불가피성
2006.2	국제은행업의 특징
	세계적으로 우심한 환자시세파동과 그 요인
	원유가격의 상승과 원유자원을 둘러싼 국제원유회사들의 쟁탈전
	현대제국주의의 착취적본질을 부인한 현대수정주의경제리론의 반동성
	자본주의회계에서 충당금과 그 기만성
2006.3	정보기술제품 및 봉사에 대한 국가적 구매를 통한 제국주의 국가의 경제적 간섭책동
	자본주의적국제분업의 〈현대화론〉의 반동성
	심각한 문제점을 안고 있는 경제의 〈세계화〉
	현시기 자본주의나라들에서 림시고용형태의 대대적인 고용
	정보산업시대에 더욱 강화되고 있는 자본의 착취적 본성
	현대제국주의의 침략적 본성을 부인한 현대수정주의경제리론의 반동성
2006.4	국제회계기준의 부당성
	1980년대에 류포된 현대부르주아경제리론의 특징
	〈경제적적응론〉의 반동성
	국제수지의 불균형을 둘러싼 자본주의렬강들간의 갈등과 대립의 첨예화
	소득분배의 본질에 대한 부르주아리론비판

	랭전종식후 제국주의무역전쟁의 침략적, 략탈적 성격
	현시기 미제의 국제원유자원독점책동의 본질
2007.1	국제시장에서 위조상품의 류통이 사회경제생활에 미치는 영향과 그를 극복하기 위한 세계적 움직임
	자본주의나라들에서의 재정과 금융의 융합에 대하여
	정보설비에 의한 생산과정에서의 자본의 착취
	현대제국주의의 사회경제적 위기의 심화
	우리나라에 대한 미제의 경제제재 및 봉쇄책동의 악랄성과 그 침략적 성격
2007.2	대외결제은행들에서 은행위험과 그 방지
	자본주의채권시장에서의 변화추이와 그 요인
	정보산업시대 자본주의사회의 계급적모순과 대립의 격화
2007.3	현시기 세계광물자원리용에서 주목되고 있는 몇가지 문제
	소득과세와 그 특징
	현시기 자본주의 경제의 구조적 특징과 그 위기
	현대제국주의하에서 다국적기업체는 자본의 국제화 추진의 기본형태
	현대제국주의하에서 피착취근로대중의 처지를 외곡하는 현대부르주아변호론의 반동성
	침략과 략탈로 살쪄온 미국경제
2007.4	세계 식량문제가 해결되지 못하고 있는 근본원인
	화폐경제의 외곡된 모습(1)
	인플레에 대한 〈사회제도주의리론〉 비판
	경제위기극복방도에 관한 현대부르주아 〈신경제장성리론〉의 반동성
	남조선어용통계의 리론적전제의 부당성
2008.1	자본주의 사회에서 증권투기행위와 그로 인한 경제위기의 심화
	자본주의상업은행들이 다국적은행화에로 나가게 된 원인
	현시기 자본주의나라들에서 인민대중과 자본가계급사이의 수입격차로 인한 〈부익부, 빈익빈〉현상의 심화
	미국 〈산군복합체〉의 주도적세력으로서의 군수독점의 고도팽창
	일본경제의 대미종속화의 후과와 위험성
2008.2	금융의 《국제화》와 그 파국적후과
	현대제국주의사회의 계급적대립을 부인하는 현대부르주아 변호론의 방동성
	우리나라에 대한 일본반동들의 범죄적인 경제적제재책동
2008.3	세계무역기구 하에서 적용되고 있는 비관세장벽의 특징
	현대자본주의상업에서의 광고전략과 그 특징
	자본주의금융기관경영원칙의 기만성
	현대자본주의적생산조직에서의 변화
	자본주의시장에서의 부정거래행위에 대한 〈규제〉조치와 그 취약성
2008.4	해상짐함수송을 발전시키는데서 나서는 몇 가지 문제
	화폐의 구매력에 영향을 주는 요인
	외국세무회계와 그 특징
	최근시기 원유가격이 오르는 원인과 후과
2009.1	수출입상품판매원가계산방법에서 제기되는 몇 가지 문제
	국제투자관계에서 적용되고 있는 기업소득세회피수법
	지능로동은 정보산업시대 자본주의적착취의 주요대상
	자본가계급의 기업지배권을 은폐하는 〈사회제도주의〉의 반동성

	정보산업시대 첨단과학기술의 독점을 위한 제국주의자들의 약육강식의 경쟁의 주요형태와 그 특징
	현시기 지속되고 있는 미딸라시세의 저하와 그 원인
	일본에서 〈산군복합체〉의 형성과 그에 기초한 군수산업구조의갱신
2009.2	독점지표를 가지고 무역거래를 하는 것은 현시기 수출무역발전의 중요요구
	정보제품의 가치형성에 대한 리해에서 제기되는 몇 가지 문제
	경제장성속도 타산을 위한 경제수학적 모형
	현시기 발전된 자본주의나라들의 생산부문구조에서 나타난 변화
	세계금융위기의 원인과 주요특징
	더욱 강화되는 일본군사독점자본의 해외팽창책동
2009.3	사회주의사회에서 중앙은행의 대외적기능
	현시기 발전도상나라들에서 국내자원보호를 위하여 실시하고 있는 수출관세정책
	현시기 유럽동맹의 수출무역정책
2009.4	봉사무역의 본질적 특징과 그 기본형태
	부동산투자위험과 그를 극복하기 위한 방도
	국제채권시장의 구조상 변화
	현시기 발전된 자본주의나라들에서 경제의 대외의존성의 심화
	자본주의 사회에서 사회와 개인의 리익의 〈실현〉을 설교하는 〈사회적시장경제론〉에 대한 비판
	현시기 자본주의나라들에서 시장관리를 통한 착취의 강화
	자본주의사회에서 소비자신용의 확대는 경제공황의 폭발을 촉진시키는 요인
	자본주의국가의 통화금융적간섭과 후과
2010.1	현시기 수출무역지표의 합리적설정은 나라의 대외지불능력제고의 중요담보
	부동산관리에서 나서는 몇가지 문제에 대하여
	정보산업의 발전과 실업의 증대
	현대제국주의를 변호하는 〈신제도학파〉리론의 발생과 특징
	현대제국주의의 전반적위기를 부정하고 국가독점자본주의를 미화분식한 현대수정주의 경제리론의 반동성
	〈고도기술발전〉을 위한 자본주의렬강들의 국가독점자본주의적간섭책동의 강화
	제국주의자들이 떠드는 경제의 〈세계화〉는 국제회계기준발생의 근원
	자본주의사회에서 리자의 리용과 그 반인민성
2010.2	현시기 대외무역에서 가치법칙의 옳은 리용은 대외경제관계발전의 중요담보
	쏘프트웨어제품의 무역가격제정에서 나서는 몇가지 문제
	국제상품전람회조직에서 림시허가제도의 역할
	기술자문봉사와 그 역할
	정보산업시대 자본주의적임금제도의 특징
	정보산업시대 변동보수제하에서 자본가계급과 로동계급사이의 소득격차의 심화
	자본주의경제위기는 자본주의시장경제의 필연적 산물
	신보호무역주의와 자본주의렬강들 사이의 모순의 표면화
2010.3	현시기 대외무역에서 가치법칙리용의 몇 가지 문제
	대외무역발전에서 국제상품전람회조직운영의 중요성
	국제금융시장에 적극 진출하는데서 나서는 몇 가지 문제
	기술자문봉사의 옳은 조직과 진행에서 제기되는 몇 가지 문제
	미국에서 금융위기와 그 후과

2010.4	외화수지관리의 본질
	체선료 및 조출료 계산에서 류의해야 할 문제
	국제해운시장의 일반적 특징과 그 합리적 리용이 가지는 의의
	부르주아거시경제학의 〈계획화〉리론 비판
	정보산업시대 자본주의적착취로 인한 저임금근로자들의 급속한 증대
	세계적판도에서 높은 리윤을 얻기 위한 다국적기업들의 악랄한 경영전략
	최근 국제금융위기의 특징
2011.1	수출무역의 독점지표설정에서 나서는 기본요구
	증권투자를 위한 수익률타산에서 제기되는 몇가지 문제
	외국인투자기업창설대상의 경제적효과성평가를 위한 기초계산자료에 대한 연구
	력사적으로 본 자본주의회계의 반동성
	현시기 자본주의나라들에서의 저리자정책의 파탄
	우리나라의 대외경제적련계를 차단하여 온 미제의 악랄한 책동
2011.2	환자시세예측에서 칼만려파예측모형
	라선경제무역지대 외국투자기업 및 외국인세금제도의 특징과 그 운영을 개선하는데서 나서는 몇가지 문제
	투자은행의 변동추세
	외화통계지표체계설정에서 제기되는 문제
	현시기 자본주의나라들의 대외경제정책의 특징
2011.3	국제청부건설에서 적용되고 있는 원가계산방식과 그 특징
	현시기 수입무역에서 품질규제의 합리적리용
	국제상품거래소의 특징
	외화수지관리를 개선하는데서 나서는 기본원칙
	투자유치를 위한 세금제도수립에서 나서는 몇가지 문제
	현시기 여러 나라들의 우주산업발전동향
	세계적범위에서 널리 도입되고 있는 보험업무의 정보화
	자본주의나라 상업은행의 경영관리기구에 대한 리해
	로력리용상태를 특징짓는 지표계산방법
	〈인간자본〉론 비판
	미국식금융방식의 부당성
2011.4	대외시장확대는 현시기 대외무역발전의 중요요구
	현시기 선진기술도입전략에 기초한 투자유치활동을 전개하는데서 나서는 몇 가지 문제
	쏘프트웨어수출무역발전전략수립의 기본요구
	현시기 국제기술이전과 그 변화
	국제상품거래소에서의 현물거래방법
	수출무역에서 지불화폐의 합리적 선택을 통한 지불위험의 해소
	수출무역에서 광고의 역할
	현시기 무역거래에서 리용되고 있는 전자지불봉사의 일반적 특징
	경제의 저탄소화는 새로운 경제발전방향
	자본주의시장에서 부동산가격에 영향을 미치는 기본요소
	현시기 지역경제통합의 정치군사적성격의 강화와 그 요인
	제국주의적국제경제기구의 침략적, 략탈적 성격
	독점자본의 탐욕과 실업의 증대
	로동시간단축을 통하여 실업문제의 해결을 주장하는 현대부르주아경제리론의 반동성

2012.1	무역외화수입과 지출에 대한 은행통제에서 중요한 문제
	외화수지관리를 개선강화하는데서 중요한 문제
	수출품의 광고리용에서 나서는 몇가지 문제
	현대부르주아 〈신자유주의〉경제리론의 반동적본질과 특징
	현대자본주의국가재정정책의 반동성
	정보산업시대 자본주의하에서 리윤률변화경향에 대한 분석
	현 미딸라기축통화제의 부당성
2012.2	대외결제은행관리에서 지켜야 할 기본요구
	국제대부와 그 형태
	아시아태평양경제협력회의에 의한 전지역적인 경제권의 추진과 그에 대한 〈아세안〉의 전략적 동향
	국제금시장에서 금의 공급과 수요에 영향을 주는 요인
	자본주의사회에서 리윤률계산의 몇 가지 문제
	〈공정성〉의 간판 밑에 가리워진 자본주의세금제도의 반인민적이며 기만적인 성격
2012.3	수출무역거래위험과 그 극복방도
	기술적분석에 의한 환자시세예측의 정확도를 높이기 위한 몇가지 방도
	손익한계점의 경제적내용과 그 리용의 필요성
	투자기회분석에서 나서는 중요문제
	보험업종구분과 그 내용
	세계보험시장에서 재보험거래의 다양화
	합영기업경영수입의 본질적특징과 역할
	외화수지불균형과 그에 영향을 주는 요인
	대외경제거래에서 신용위험의 발생요인
	현시기 국제무역분쟁해결에서의 새로운 변화에 대하여
	투기적금융자본의 일반적 특징
	자본시장에 대한 〈신제도경제학〉비판
2012.4	국제시장경기예측지표의 론리적분석에서 제기되는 몇 가지 문제
	화폐류통통계지표의 합리적 설정
	외국투자기업 현금류동표와 그 의의
	현실발전의 요구에 맞게 외국투자를 효과적으로 리용하는데서 나서는 원칙적 요구
	〈봉사무역에 관한 일반협정〉의 체결과정에 대하여
	외국투자기업에서 설비투자의 효과성분석방법
	경제특구와 그 발전방향
	경제무역지대에서 투자대상사업
	〈브릭스〉의 출현으로 이한 국제경제관계에서의 주요변화
	남조선미국 〈자유무역협정〉의 반동성과 그 후과
	현시기 자본주의나라들에서 기간산업의 해외류출로 인한 생산부문 감퇴와 봉사부문의 기형적 팽창
2013.1	사회주의사회에서 대외결제은행관리운영의 특징
	무역회사들이 국제상품전람회를 통하여 상품수출을 확대하는 것은 대오무역발전의 필수적요구
	대외결제은행 회계분석의 본질적 내용
	〈봉사무역에 관한 일반협정〉에서 규제된 봉사의 분류에 대하여
	외국세액공제와 그 적용에서 나서는 몇 가지 문제

	경제범주로서의 금융자본
	자본주의기업에서 비용의 본질과 그 특징
	정보산업시대 독점적 고률리윤법칙작용조건에서의 변화
2013.2	대외결제은행들에서의 류동성위험과 그 관리
	보험사고류형과 그 특성
	최근시기 외국환자분야에서 나타난 특징적 현상
	〈BOT〉개발방식의 본질적 특징
	통화파생금융상품조작에서 나서는 중요한 문제
	아시아나라들과의 대외경제협조관계의 특징
	세계무역기구의 위기
	정보산업시대 자본주의적착취관계비밀해명의 중심문제
	기업통합 및 매각을 통한 다국적기업체의 정보기술독점화책동과 그 후과
2013.3	경제의 세계적인 경쟁력에 대한 일반적리해와 그 규정요인
	우리나라 외국투자기업회계관련법규의 규제범위와 국제회계기준의 리용가능성
	우리나라에서 외국인투자활동에 대한 일반적 분석
	국제상품매매계약과 그 특징
	국제증권투자위험과 그 분류
	금융교환거래와 그 종류
	신용카드의 종류와 경제적 기능
	환사지세관리의 본질적 내용
	자본주의사회에서 은행위기의 원인
	자본주의회계의 련결결산제도는 대독점기업의 리익분식을 위한 온상
	굴욕적이고 불평등한 남조선-미국 〈자유무역협정〉
2013.4	로씨야 원동지역경제발전의 최근 특징
	전통제품생산은 강화하는 것은 경제의 세계화책동을 분쇄하기 위한 중요방도
	국제금융의 투기화와 금융위기의 심화
	자본주의경제성장을 합리화하는 현대부르아 〈경제성장론〉의 발생 및 변천
	독점들의 시장을 확대하기 위한 자본주의국가들의 간섭책동
2014.1	대외진출기업의 경쟁력을 높이기 위한 전략작성에서 나서는 몇 가지 문제
	현시기 상표발전의 특징
	관광업에서 지역적운영단위설정의 필요성
	합영, 합작 기업에 대한 세무관리를 강화하는 것은 국가의 투자정책을 실현하기 위한 중요요구
	라선경제무역지대에서 봉사업의 본질적 특징
	금융선물거래와 그 기능
	국제은행간거래에서 적용되고있는 손실보장리자의 계산방법
	자본주의사회의 필연적산물 지하경제
	정보산업시대 자본주의적분배에서 일어난 중요한 변화
2014.2	주체적립장은 대외경제발전의 주요담보
	첨단기술개발구창설은 지식경제시대의 필수적 요구
	우리나라에서 외국인투자기업을 관리운영하는데서 제기되는 몇 가지 문제
	대외경제지대의 발생발전과 류형
	임금지불제도의 변화에 의한 자본주의적착취의 강화
	자본주의나라들에서의 주택세와 화폐구매력의 호상관계와 그를 리용한 환률예측가능성 연구

	자본주의조세제도의 특징
2014.3	현실발전의 요구에 맞게 무역단위와 수출품을 결정적으로 늘이는데서 나서는 몇 가지 중요한 문제
	국제금융시장에서 증권투자의 기술저분석과 그 방법
	중계무역의 특징과 형태
	국제세무분야에서 적용되고 있는 소득원천지확정기준
	국제세무관계에서 2중과세의 발생원인
	국제투자방식 BOT와 그 적용에서 나서는 기본요구
	세계경제를 연구하는데서 제기되는 몇 가지 문제
	현시기 세계적으로 치렬해지고있는 에네르기자원쟁탈전의 사회경제적 요인
	발전도상나라들의 식량안전을 파괴하는 제국주의자들의 책동과 그것을 짓부시기 위한 방도
	자본주의은행위기와 그 특징
	자본주의사회에서 기업통합의 특징과 목적
2014.5	국제적인 화물중계수송기지로서의 라선경제무역지대의 유리성
	경제무역지대에서 금융업조직의 일반적원칙
	오존층보호에 관한 국제환경협정과 그것이 국제무역에 미치는 영향
	기한부환자시세와 리자률에 의한 그의 예측방법
	국제경쟁력의 본질과 그 평가
	현시기 발전도상나라들에 대한 다국적기업체들의 지배와 략탈의 강화
	자본주의은행위기 심각화와 필연성
	부르주아 〈내생경제장성리론〉의 발생은 자본주의경제위기의 필연적 산물
	신자유주의적경제정책과 2008~2009년 세계경제위기
2015.1	관광에 대한 리해
	대외경제교류의 경제적효과성타산에서 지켜야 할 중요원칙
	증권선물거래에서 선물가격타산방법
	대외결재은행들에서 경영위험과 그 평가방법
	혼합보험에서의 순보험료제정기초타산
	환자시세제도와 그의 류형
	현시기 자본주의나라들의 〈유연성〉제고를 통한 〈고용안정화〉정책과 그 반동성
2015.2	각 도들의 실정에 맞게 경제개발구들을 창설운영하는데서 나서는 몇 가지 문제
	경제개발구의 개념과 주요류형
	새로운 수출제품의 판로개척방법에 따르는 상표의 제정
	국가외화관리의 본질과 내용
	첨단기술개발구의 발전동향
	무역품에 대한 세관신고수속과 승인절차
	비무역품에 대한 세관신고수속과 승인절차
	대외금융거래에서 신용위험과 그 평가방법
	아세안의 창설과 확대
	현시기 국제금융시장에서 파생금융상품거래의 확대와 그 요인
	생산력발전이 자본주의사회에 미치는 영향
	현대은행업의 발생발전과 자본주의금융기관의 확대
2015.3	현시기 독립채산제기업소들에서 무역상품생산 필요한 자금보장에서 지켜야 할 기본요구
	보세제도에 대하여

	보세창고와 보세화물에 대한 일반적리해
	관세의 경제적기능을 바로 리용하여야 할 필요성
	현금류동표와 그 특징
	합영, 합작대상선정사업에서 견지하여야 할 주요 원칙
	세계제약산업의 특징
	온실기체방출을 방지하기 위한 국제환경협정과 국제무역
	세계 여러 나라의 특수경제지대들에서 외국주자를 받아들이는데서 주목되는 몇 가지 문제
	자본주의상업은행과 그 위기
	자본주의사회의 필연적산물인 지하경제의 특징
	개성공업지구
2015.4	첨단기술개발구의 경제기술적특성
	경제개발구개발사업을 적극 밀고나가는 것은 경제강국건설의 중요요구
	환자선택권거래와 그 특징에 대하여
	분산투자에 대한 일반적리해
	자본주의회사의 소유제에 대한 분석
	최근자본주의나라들에서 실시되는 금융정책과 그 파탄의 불가피성
	발전된 자본주의나라 다국적기업체의 출현과 그 특징
	우리나라에 대한 미제의 경제제재책동과 그 전면적 파산
2016.1	현시기 경제개발구를 개발하고 관리운영하는데서 나서는 몇 가지 문제
	라선경제무역지대에서의 관세감면대상
	경제무역지대에서 화폐류통의 안정성보장조건
	경제무역지대에서 은행대부담보의 경제적 내용과 그 특징
	국가외화수지전략작성방법
	대외금융상품가격제정원리
	송금경제의 일반적 내용
	경제자문봉사의 합리적조직에서 나서는 중요요구
	보세가공무역에 대한 세관감독
	수체결제에서 수출자의 위험과 그 방지조치
	공동해손청산을 위한 합리적방법연구
	원협약과 국제무역거래규칙의 호상관계
	자본주의금융의 증권화와 그 사회경제적 후과
	〈련대체제의 정합성〉에 대한 현대부르아경제리론과 반동성
2016.2	국제무역에서 상표장벽과 그 특징
	국제해상화물수송에서 기간용선계약과 그 특징
	환자시세예측에서 신경망을 통한 기술적분석방법과 요인적분석방법의 경향
	국제금융시장에서 신용위험평가와 그 방법
	투자도입국의 국제수지균형에 미치는 환국직접투자의 경제적작용효과에 대한 분석
	자본주의국제관리의 수탈적 본성
	자본주의구매력평가설의 비과학성
	〈헌법적신자유주의〉리론의 파산의 불가피성
	현대제국주의 하에서 국가시장의 확대에 의한 경제의 파국적 후과
	미국에서 이민로동자들의 로동생활처지의 악화
2016.3	려행사업무의 발전추세
	경제개발구 개발에서 나서는 몇 가지 원칙

	대외무역인증의 본질
	유전알고리듬에 의한 분산투자자산구성방법
	경제개발구회계제도의 주요특징
	현대자본주의공표회계제도의 반동적본질과 그 경제리론적 기초
	낡은 국제통화금융기구를 통한 경제적침략을 합리화하는 브르죠아변호론의 반동성
	자본주의나라들에서의 은행상품과 그 특징
2016.4	대외가격관리의 책략화는 대외진출기업체의 필수적요구
	호텔봉사사업의 본질과 특징
	각 도에 창설되는 경제개발구들의 특징
	원산-금강산국제관광지대의 특징
	라선경제무역지대의 중계무역발전에서 나서는 몇 가지 문제
	전자상업의 발전추세
	투자계획에 대한 민감도분석방법에 대하여
	모험투자와 그 특징
	유럽보험시장의 형성과 발전
	국제금융시장에서 교환거래의 확대와 그 특징
	국제금융시장에서 분산투자방법과 그 류형
	생명보험업무에서 사망분포가정의 리용
	발전도상나라들사이의 금융분야에서 협조를 강화하는데서 나서는 문제
	중앙아시아나라들의 자원을 둘러싼 대국들의 대립과 모순의 첨예화
2017.1	관광대상과 그 선정에서 나타나고 있는 국제적 동향
	경제개발구들에 유리한 투자환경과 조건을 보장하기 위한 특혜적인 부동산거래제도의 실시
	오염물질배출료금제정에서 나서는 몇 가지 문제
	국제무역거래에서 적용되고 있는 새로운 결제방식과 그 내용
	최근 주요자본주의 중앙은행들의 공정리자율정책의 파탄
	대외금융거래에서 신용위험의 특징
	국외투자기업의 위험관리에서 손해조정방법의 합리적적용
	국제무대에서 날로 강화되고 있는 딸라배척움직임과 그 특징
	싱가포르보험시장과 그 특징
	환자시세변동에 영향을 미치는 요인들에 대하여
2017.2	관광업의 확대로 인한 환경파괴와 그를 막기 위한 국제적인 동향
	환률예측에서 숨은마르꼬브모형의 응용
	대외상품가격에 대한 동태적 관리에서 나서는 중요문제
	신용위험과 그 관리에서 나서는 중요한 문제
	특수경제지대의 산업구조발전에 미치는 외국직접투자리용의 영향
	무역화물수송에 적용되는 국제수송협약의 특징
	국제금융시장에서 분산과 표준편차를 리용한 위험예측방법
	외국투자기업회계검증과 그 특징
	국제은행신용과 그 특징
	투자유치계획의 특성과 작성방법
	현시기 환률의 안정을 보장하는데서 나서는 몇 가지 방도에 대하여
	정부-외국기업합작투자방식의 발생발전
	비전통보험방식의 발생발전에 대하여
	파생금융상품거래를 통한 위험회피수법

	발전도상나라들에서 다민족공동기업의 투자활동의 특징
	자본주의 발전궤도의 변천에 의한 통화금융위기의 심화
	략탈적인 딸라위주의 국제통화제도는 미국의 국가채무루적의 중요요인
	자본주의경제주기를 합리화하는 〈리성예측학파〉경제리론의 반동성
2017.3	국제과학기술교류의 특징
	대외금융관계의 합리적인 조정은 현시기 대외경제관계발전의 중요방도
	나라의 경제발변에서 기술허가무역의 중요성
	라선경제무역지대의 투자환경조성에서 나서는 몇가지 문제
	경제개발구개발에서 지역별특색을 살려나가기 위한 중요문제
	경제개발구의 법률적환경보장에서 지켜야 할 원칙
	환자시세변동위험과 환자조작수법
	분산투자에 대한 일반적리해
	국제세무에서 외국세액공제와 세금특혜의 효과적인 적용방법
	아시아하부구조투자은행이 창설되게 된 국제적 배경
	국제금융업무에서의 조작위험과 그 특징
	자본주의중앙은행의 공정리자률정책과 그 모순
	현시기 인재와 과학기술의 독점을 위한 제국주의자들의 주요수법
2017.4	현시기 기술무역의 비중을 높이는 것은 무역구조개선의 중요한 과업
	대외무역에서 무역항 수입상품검사사업의 과학화를 실현하는데서 나서는 기본요구
	중계무역의 특징과 형태
	온도지표를 리용한 날씨파생금융상품의 가격제정
	여러 나라 기업체들에서의 지적재산가치평가목적과 그의 문제점
	원산-금강산국제관광지대개발에서 외국투자리용의 특성
	여러 나라들에서 실시하고 있는 상업은행감독과 그 류형
	경제개발구의 외국투자기업들에 대한 대부리자률제정에서 나서는 몇 가지 문제
	브루죠아미시경제학이 설교하는 〈계층별소득분배론〉의 반동성
	국제상품시장에서 제품생명주기와 그에 따른 광고전략
	약육강식은 자본주의시장경제의 운동법칙
	현시기 미국의 무역정책의 반동성

4

북한 '병진노선'의 변화와
김정은 시대의 '경제 건설에 총력 집중' 노선

1. 들어가며

2019년 신년사에서 김정은 국무위원장은 2018년 군수공업 부문이 "경제 건설에 모든 힘을 집중할 데 대한 우리 당의 전투적 호소를 심장으로 받아안고 여러 가지 농기계와 건설기계, 협동품들과 인민소비품들을 생산하여 경제 발전과 인민생활 향상을 추동"했다고 평가했다. 또한 군수공업 부문의 올해 과제로 '국방공업의 주체화, 현대화를 통한 국가 방위력 향상'과 함께 "경제 건설을 적극 지원"을 제시했다(김정은, 2019).

김정은의 신년사에서 '인민군대가 인민과 힘을 합쳐 경제 강국 건설과 인민 생활 향상에 기여했다'는 언급은 거의 해마다 있었다. 그러나 '국방공업' 또는 '군수공업'이 경제 발전에 이바지했다는 평가가 나온 적은 없었다. 2019년 이전의 신년사에서 국방/군수공업의 성과로 꼽힌 건 '다양한 군사적 타격수단들을 개발·완성하여 혁명무력의 질적 강화에 크게 이바지'(2015), '국가 핵 무력 완성'(2018)처럼 핵과 미사일 등 무기 개발을 통한 국방력 강화였다. 국방/군수공업의 새해 과제도 마찬가지여서 그동안 항상 제시되었던 '무기 개발을 통한 국방력 강화'에 더해 '경제 건설 적극 지원'이 등장한 것은 올해가 처음이다.

위와 같은 변화의 직접적 계기는 북한의 노선 변화에서 찾을 수 있다. 북한은 2018년 4월 조선로동당 중앙위원회 제7기 제3차 전원회의에서 '경제 건설과 핵 무력 건설의 병진노선'(이하 '경제-핵 병진노선')을 종결하고 '사회주의 경제 건설에 총력 집중'을 새로운 전략적 노선으로 결정하였다(로동신문, 2019.4.21). 2017년 11월 29일 장거리 미사일 '화성 15형' 발사에 성공하여 핵 무력을 완성했으니, 앞으로는 국가의 모든 역량을 경제 발전에 투입하겠다는 것이다. 북한은 같은 해 5월 당 중앙군사위원회 확대회의를 개최하여 '혁명 발전의 요구와 인민군대의 실태를 종합적으로 분석한 데 기초하여 국가 방위 사업 전반의 개선을 위한 조직적 대책들을 토의 결정'하였다. 세부적인 내용이 보도되지는 않으나 이 회의에서 북한이 경제 건설에 총력 집중이라는 새로운 전략적 노선에 맞게 군이 해야 할 조치들을 결정했음은 분명하다. 북한 보도에 따르면 이 회의에서 김정은도 '인민군대가 경제 건설에서도 주력군의 본분을 다하고 있음'을 치하하고 앞으로도 임무를 수행하리라는 기대를 표명했다(로동신문, 2018.5.18).

이 글은 국방공업의 역량까지 민간 경제에 투입하려 할 정도로 경제 발전을 강조하는 북한의 전략이 김정은 집권 이후 새롭게 준비된 것이 아니라, 김정일 시대에 시작된 모색과 실행의 연장선에 있음을 주장하려 한다. 이를 위해 이 글은 1962년 김일성이 택한 '경제와 국방의 병진노선'(이하 '병진노선'), 2002년 김정일의 '선군시대 경제 건설 노선'(이하 '선군 경제 노선'), 2013년 김정은의 경제-핵 병진노선을 비교한다. 이를 통해 세 노선이 표면적으로는 '국방 우선'이었다는 점에서 공통적이지만, 최근으로 올수록 '병진' 경향이 강해졌음을 보이고자 한다. 또한 김정일 시대부터 국방 과학기술의 비교우위를 활용한 민간 경제 발전을 시도하기 시작했고, 김정은 집권 이후 그러한 노력이 더욱 강화되었으며, 2018년 4월 경제 건설에 총력 집중 결정은 그 귀결임을 확인하고자 한다.[1)]

2. 김일성의 병진노선

1) 안보 환경 악화와 병진노선 채택

북한은 1962년 12월 10일 노동당 중앙위원회 제4기 제5차 전원회의에서 병진노선을 채택했다. 1962년 중-소 관계 악화와 사회주의권 분열, 쿠바 사태, 미국의 베트남전 확전, 미국 핵과 미사일의 남한 배치 증강, 일본 군국주의 부활 및 재무장 기도, 한일 국교 정상화와 한미일 삼각 동맹 현실화 가능성 상승 등 북한의 안보를 위협하는 사안이 연이어 발생했다. 이런 상황에서 당시 소련 최고 권력자 흐루쇼프의 (대미) '평화 공존론'과 사회주의권 경제 통합 시도를 둘러싼 북한과 소련의 갈등이 심해져 소련이 북한에 대한 경제 및 군사 지원을 축소하기까지 했다(이태섭, 2001: 283-291). 병진노선은 북한이 이러한 안보 위기에 대처하기 위해 "인민경제 발전에서 일부 제약을 받더라도 우선 국방력을 강화"하겠다는 결정이었다. 북한은 '4대 군사노선'(전 인민의 무장화, 전 지역의 요새화, 군대의 간부화, 군대의 현대화)을 표방하면서 국방력의 물질적 토대를 강화하기로 결정했다. 이와 함께 국방에 대한 투자 확대가 가져올 국가 전반의 자원 제약 상황에 대비해 전체 인민들이 '자력갱생' 정신을 발휘해야 한다고 강조했다.[2]

북한이 병진노선을 채택한 이유에 대해 일부 연구자는 안보 환경 악화보다 내적 요인이 더 중요했다고 평가한다. 노동력 중심의 산업화 전

---

[1] 북한의 국방 과학기술, 군수공업과 관련한 구체적인 정보를 담은 문헌은 거의 공개되지 않았기 때문에 이 글의 서술은 정황과 추정에 상당 부분 의존하였음을 밝혀둔다.

[2] 이상 1962년 채택된 병진노선 내용은 "당 중앙위원회 제4기 제5차 전원회의에 관한 보도", 『근로자』 1962. 21, 2-8에서 정리. 참고로 이때는 '군대의 현대화' 대신 "인민군 대열을 군사 기술적으로 더욱 강화"로 표현되었다.

략을 지속하려 한 북한 지도부가 강력한 주민 동원 체제를 구축하기 위해 위기의식을 조장하여 사회를 군사화했다는 것이다(김용현, 2003: 181-198). 김일성이 병진노선 채택 직후 "정세가 위급하고 당장 싸움이 일어날 것 같아 국방력을 강화하는 것이 아니라 철저히 준비하면 평화를 유지하고 전쟁을 방지할 수 있기 때문"이라고 발언한 것을 근거로 해서 당시 북한 지도부의 위기의식이 높지 않았다고 판단할 수도 있다(김일성, 1982a: 11-42).

그러나 전후복구가 끝난 1950년대 후반 이후 북한이 일관되게 군사력 증강보다 경제 발전을 중시하고 있었던 사실에 주목하면, 병진노선 채택은 북한 지도부가 원치 않던 일이었다고 보는 것이 타당하다. 예컨대 북한은 정전 당시 26-27만 명 수준이던 정규군 규모를 1955년 41만 명까지 늘렸지만, 경제 발전 5개년 계획을 준비하기 시작한 1956년에는 오히려 8만 명을 줄였다. 북한은 한국전쟁 때부터 북한에 주둔하고 있던 중국군이 1958년 완전철수한 이후에도 정규군을 늘리는 대신 민간 군사조직인 로농적위대를 창설했다(함택영, 1993: 131-165). 북한은 1960년 전체 국가 예산 중 19%였던 국방비 비중을 1961년 16%로 낮추어 비록 적은 액수지만 총액 규모를 삭감하기도 했다(함택영, 1998: 220). 대신 북한은 국가 역량을 경제 건설에 집중하여 연평균 공업 성장률이 36.6%에 달했던 1950년대 후반에 이어 1960년대에도 고도성장을 달성하고 사회주의적 생산관계에 걸맞은 수준으로 생산력을 발전시키려 했다. 이를 위해 북한은 1961년 9월 노동당 제4차 대회에서 '전면적 기술혁명과 문화혁명을 통한 사회주의 공업화 완성 및 인민 생활의 획기적 향상'을 목표로 한 '인민경제 발전 7개년 계획'을 확정했다(근로자, 1961.9: 115-136).

병진노선은 이처럼 국방력 증강보다 경제를 우선하던 기조를 반대로 틀어 국방에 대한 투자를 원래 계획보다 증가시킨 것이었다. 병진노선 채택 당시 "보총이나 몇 자루 생산하는" 수준이었던 군수공업과 국방 과학기술을 단기간에 발전시키기 위해 국방과학원과 국방대학을 설립 하고 예산과 우수 인력을 우선 배분하는 등 전폭적으로 지원했다. 국방 에 대한 투자가 확대된 만큼 국가 자원 투입이 줄어든 민간 경제와 과 학기술 발전은 지체될 수밖에 없었다.

2) 병진노선에 따른 군사비 증가와 경제 침체

병진노선은 자원 제약 심화, 각 부문 간 불균형 심화, 효율성 저하 등 북한 경제에 직접적인 타격을 가했다. 무엇보다 병진노선이 경제 발전 을 일부 포기하면서 국방력을 강화하려는 것이었기에 민간 경제 부문 의 자원 제약은 당연한 결과였다. 북한은 병진노선을 결정한 3개월 뒤 인 1963년 3월 군수공업의 자립적 토대 강화, 무기 생산 및 수리 사업의 확대 · 발전, 군수공업 원료 기지 강화를 핵심 내용으로 한 '내각 결정' 을 채택하고 국방에 대한 투자를 본격적으로 늘리기 시작했다(사회과 학원 력사연구소, 1981: 82).

추산에 따르면 1961-66년 국방비 비중은 연평균 19.8%로서 병진노선 채택 전인 1960년의 19%에 비해 수치상으로는 크게 늘지는 않았다.[3] 하지만 소련이 1962년 이후 군사 원조를 줄였기 때문에 북한은 대소 관 계 악화 이전 수준의 국방비를 유지하는 데에도 추가 지출이 필요했다. 이로 인해 민간 경제에 대한 투자는 애초 계획보다 줄어 7개년 계획 달 성에 차질이 빚어질 수밖에 없었다. 설사 민간 경제가 계획대로 성장했 다 하더라도 국방비의 추가 지출 때문에 발전의 효과는 저하되었을 것 이다. 김일성도 1965년 신년사에서 '최근 몇 년 국방 부문에 집중했기

---

[3] 북한이 1961-66년 국방비를 밝히지 않았기 때문에 이 기간 북한 국방비를 함 택영은 19.8%, 이태섭은 17.8%로 추산했다(함택영, 1993: 140; 이태섭, 2001: 304).

때문에 경제 발전이 지연되었다'고 인정했다(근로자, 1965.1: 2-10). 북한의 국방비는 북-중 관계가 극도로 악화된 1967-69년 폭증하여 전체 예산에서 차지한 비중이 연평균 30%를 넘었다.

병진노선 채택 이후 중공업에 대한 투자가 더욱 늘어 중공업과 경공업, 생산재산업과 소비재산업 사이의 불균형도 심해졌다. 북한은 원래 7개년 계획 전반기 4년 동안 경공업과 농업의 발전에 치중할 것을 계획했다(김 일, 1961: 140). 하지만 병진노선 채택의 주된 배경이 대소 관계 악화였기 때문에, 북한이 소련에 많이 의존했던 연료(원유, 코크스 등)와 기계 생산의 자립에 필수적이었던 채취공업과 기계공업을 중심으로 투자를 늘릴 수밖에 없었다.[4] 이로 인한 경공업에 대한 투자 축소는 소비재산업의 약화를 불러왔고, 이는 소비재산업의 50% 이상을 차지한 지방 산업의 위축으로 이어져 국가 재정 수입도 줄어드는 결과를 낳았다(이태섭, 2001: 309).

병진노선 채택 이후 '전시 대비'가 중요한 고려 사항이 되면서 민간 경제에서 투자의 효율성도 낮아졌다. 4대 군사 노선 중 하나인 '전국의 요새화'는 한국전쟁 당시 미군의 폭격 때문에 많은 시설이 파괴된 경험을 지닌 북한이 전시 피해를 최소화하기 위해 내세운 것이었다. 북한은 이를 위해 군 시설만이 아니라 민수 공장을 건설할 때도 '지하화'를 강조했다. 예를 들어 김일성은 '후방지대에도 이르는 곳마다 굴을 파고 공장도 땅속에 많이 건설해야 한다', '화학공장은 해변에 건설하는 것이 좋지만, 전쟁이 일어나면 함포사격과 폭격을 받을 수 있다는 점을 고려해 산골짜기에 건설해야 한다'는 등 경제적 효율성만이 아니라 전시 상황을 고려해야 한다고 수시로 강조했다(김일성, 1982b: 445; 김일성, 1982c:

---

[4] 1963년도 북한 예산 편성 당시 채취공업, 기계공업 부문 기본 건설자금은 전해보다 각각 40%, 22.7% 늘었고, 그 집행 결과는 이보다 더 늘어 전해에 비해 각각 50%, 52.6% 증가했다(국토통일원, 1988: 1189-1190, 1313).

416). 전시에 대한 고려가 얼마나 영향을 미쳤는지 구체적인 통계로 확인할 수는 없지만, 경제의 효율성이 저하된 것만은 분명하다. 결국 7개년 계획도 실패하여 기간을 3년 연장한 끝에 1970년이 되어서야 목표를 달성하게 되었다.

3) 국방 과학기술과 민간 과학기술의 불균형 심화

병진노선 채택 이후 민간 과학계에 대한 국가의 재정 지원도 대폭 축소되었다. 북한 정권은 과학계를 향해 "설비와 자재의 부족을 탓하기 전에 그것의 타개 방도를 먼저 생각하며, 남의 힘을 바랄 것이 아니라 자기의 힘과 지혜를 남김없이 발휘하여 문제를 해결"하려는 자력갱생의 자세를 가지라고 요구했다(오동욱, 1963: 28). 연구기관들은 독립채산제를 강화하여 공장·기업소들의 위탁 연구를 통해 자금을 확보하고, 이 자금을 이용해 필요한 설비들을 가능한 한 자체적으로 해결해야 했다. 예를 들어 1964년도 과학원 중점 과제 중 하나로 기계공학, 전자공학 부문 연구기관 신설이 제시되었다. 이는 당시 북한 경제의 핵심 목표였던 기계화, 자동화를 실현하기 위해 필수적인 조치였기 때문에 정권도 그 중요성을 크게 강조하고 있었다. 그러나 과학원은 연구기관 설립에 필요한 정밀 공작 설비와 측정 장비를 정부의 지원이 아니라 "과학원 자체 역량으로 해결"하라고 지시받았다(리영립, 1964: 3). 이처럼 병진 노선은 과학계에 대한 중앙 정부의 지원에 큰 제약을 가했다.

반대로 국방 과학기술에 대한 투자는 크게 확대되었다. 북한은 국방 과학기술을 본격적으로 육성하기 위해 1964년 6월 민족보위성(현 인민무력부) 산하에 국방과학원을 설립했다(이춘근, 2005: 75). 국방 과학기술 전문가를 양성하기 위한 국방대학도 비슷한 시기에 만들어졌다. 탈북 과학자들의 증언에 따르면 국방과학원은 국방대학 출신뿐 아니라 김일성종합대학, 김책공업대학 등 최상위 대학의 최우수 졸업생들을 배정받았고, 어떤 경우에도 필요한 예산을 다 지원받았다고 한다.[5] 국방대학도 다른 대학보다 신입생을 먼저 선발함으로써 중학교 최우수 졸업생들을 수십 년 동안 선점해왔다고 한다.[6] 국방 과학기술에 대한 국가 투자는 국방비 비중이 30% 이상으로 폭증한 1960년대 말 더욱 확대되었다.

병진노선 채택 이후 김일성이 사망할 때까지 북한의 안보 환경은 1972년 일시적인 남북 대화 국면을 제외하면 거의 개선되지 않았고, 따라서 국방 우선 기조도 계속되었다. 이로 인해 기술 수준, 관리 수준 등 여러 면에서 국방 과학기술과 민간 과학기술, 군수공장과 민수공장의 격차가 시간이 갈수록 커진 것으로 보인다. 김일성은 1981년 '군수공장의 제품들이 높은 수준인 반면, 같은 시기에 건설한 다른 공장·기업소들은 같은 원료와 자재를 가지고도 질 좋은 제품을 생산하지 못하고 있다'고 지적했다(김일성, 1990: 11). 그는 또 1988년 '국방과학 부문과 달리 정무원에서는 과학기술 연구 사업에 대한 총화가 잘 되지 않고 있다'고 질책하기도 했다(김일성, 1995: 46-47).

더구나 국방 과학기술도 민간 부문에 대해 비교우위를 가졌을 뿐 북한 지도부의 안보 우려를 해결할 수준에 도달하지 못했다. 북한이 민간 경제 발전의 지체를 감수하면서까지 국가의 자원을 30년 이상 국방에 우선 투입했음에도 국방 과학기술을 충분히 발전시키지 못한 것이다. 이 때문에 북한의 국방 과학기술 중시는 국가 경제가 거의 붕괴 상태였던 1990년대 중후반 '고난의 행군' 시기에도 계속되었다.[7]

---

5) 강호제-탈북 과학자 김도일(가명) 인터뷰 (2009.5.8).
6) 변학문-국방대학 출신 탈북자 박권호(가명) 인터뷰 (2017.11.20).
7) 2010년 북한 조선중앙TV가 방영한 기록영화 "우리식 첨단 돌파를 위한 위대한 령도"에는 고난의 행군 당시 김정일이 국가가 보유한 자금을 CNC 기술 개발과

3. 김정일의 선군 경제 노선

1) 선군 경제 노선은 노골적인 '국방 우선' 노선?

'선군시대', '선군정치'를 내세운 김정일 집권기 북한은 경제에서도 '국방공업을 우선적으로 발전시키면서 경공업과 농업을 동시에 발전'시키는 선군 경제 노선을 표방했다. 이는 1990년대 말부터 이론화가 시작되어 2002년 9월 김정일이 공식 제기했다고 알려져 있다(임수호, 2009: 27).[8] 북한은 선군 경제 노선이 '중공업을 우선적으로 발전시키면서 경공업과 농업을 동시에 발전시킨다'는 김일성 시대의 경제 노선을 선군 시대에 맞게 계승·발전시킨 것이라고 주장했다.

북한이 내세운 선군 경제 노선의 첫째 명분은 당연히 '안보'였다. 국제적 고립과 미국의 위협이 극대화된 환경에서 자력으로 안보를 강화하기 위해서는 국방공업 발전을 가장 중시해야 하며, 금속·기계·화학 공업 등 연관 공업 부문들도 국방공업 발전을 우선시해야 한다는 것이었다(태형철, 2003: 36-37). 선군 경제 노선 결정 이후 북한은 2006년 1차 핵 시험, 2009년 4월 장거리 로켓 발사, 같은 해 5월 2차 핵 시험 등을 실시했고, 각종 미사일 시험발사도 여러 번 진행했다. 따라서 선군 경제 노선은 명칭과 목표, 실제 정책 집행 양상 등 모든 면에서 김일성의 병진노선보다 더 분명한 국방 우선 노선으로 보인다.

하지만 선군 경제 노선에는 국방 과학기술을 경제 발전에 이용하겠다는 의도도 담겨 있었다. 북한이 제시한 선군 경제 노선의 또 하나의 명분은 '국방공업이 다른 공업 부문과 밀접한 연관을 맺고 있기 때문에,

---

식량 구입 중 어디에 쓸 것인지를 고민한 끝에 전자를 택하는 장면이 나온다.
8) 『로동신문』, 『근로자』 등 로동당 기관지나 『경제연구』와 같은 학술지에서는 2003년 상반기부터 선군 경제 노선이 본격적으로 언급되기 시작했다.

이를 현대 과학기술에 기초해 먼저 발전시킴으로써 향후 다른 경제 부문의 발전을 견인할 수 있다'는 점이었다.(로 영, 2003: 40-42). 북한은 국방 분야에서 최신 과학기술이 먼저 개발·도입된 다음 그 성과가 민수 부문에 파급되는 게 기술 발전의 시대적 추세라고 하면서 이를 북한에서 구현하겠다고 주장했다. 특히 북한은 국방공업이 매우 큰 비중을 차지하는 자국 경제의 특수한 구조가 국방 과학기술에 기초한 경제 발전에 유리하다고 강조했다(김원국, 2004: 8-10). 국방 과학기술의 비교우위를 민간 경제 발전의 토대로 삼겠다는 문제의식은 김일성의 병진노선에서는 찾아볼 수 없는 것이었다. 김정일 시대의 북한이 국방 과학기술에 대한 우선 투자를 지속한 것은 국방력 강화뿐 아니라 민간 경제 발전에 기여할 수 있는 수준까지 국방 과학기술을 발전시키기 위한 조치였다고 볼 수 있다.

물론 위와 같은 내용이 경제난 속에서도 국방에 대한 우선 투자를 지속하기 위한 핑계에 불과하다고 평가할 수도 있다. '선군 경제 노선이 등장함으로써 국방 분야의 과중한 부하가 경제 발전을 억제하기 때문에 국방에 대한 지출을 줄여야 한다는 투항주의적 주장, 경제 일면주의적 견해가 통할 수 없게 되었다'고 주장하는 등 실제 북한 문헌들에도 국방 우선에 대한 반대 견해를 제압하려는 의도가 드러나기도 했다(로 영, 2003: 41). 이 글도 선군 경제 노선의 두 번째 명분이 2000년대 초반 당시 북한 정권의 '진심'이었는지는 판단할 수 없다고 본다.

다만 국방 과학기술을 민간으로 확산해 경제를 발전시키겠다는 주장이 김정일이 1995년부터 표방한 선군정치와 상충하지 않고, 오히려 논리적으로는 자연스러운 귀결이라고 할 수 있다. 김정일의 선군정치는 국방을 모든 국가 정책의 우선순위에 둔다는 '군사선행'뿐 아니라, 군대의 역량을 국방력 강화뿐 아니라 사회발전으로까지 확대하는 것을 포함했다. 즉, 선군정치는 당에 대한 충성심과 규율이 어느 집단보다 높앉던 군대에서 '모범'을 창조하고 사회에 확산함으로써 소련과 동구 몰락, 김일성 사망, 경제난 등에 따른 국가 위기를 극복하려는 목적을 갖고 있었다(로동신문, 2001.12.21). 이와 관련하여 북한 문헌들은 선군정치가 지난 시기 단순히 "물질적 부의 소비자"였던 군대를 "사회주의 건설의 주력군, 인민 행복의 창조자"로 내세웠기 때문에 군대의 위력으로 경제 건설에서도 비약을 이룩할 수 있다고 주장했다(유정철, 2002). 선군정치의 문제의식이 이와 같았기 때문에, 대외 고립이 심화된 상황에서 자신들이 보유하고 있던 국방 과학기술의 비교우위를 활용한 경제 건설은 당연히 시도할 만한 것이었다.

김정일 집권기의 신년공동사설도 경제 건설에서 군대와 국방 과학기술의 역할을 지속적으로 언급했다. 예컨대 2003년 공동사설은 인민군대가 "경제강국 건설의 최전선에서 불가능을 모르는 혁명군대의 위용을 높이 떨쳐야 한다"고 강조했으며, 2007년과 2008년에도 '인민군대의 열정과 기상이 사회주의 경제 건설의 최전선에서 남김없이 발휘되어야 한다', '경제강국 건설의 중요 전선들에서 군대의 전투적 기개를 더 높이 떨쳐야 한다'고 주장했다. 2010년 공동사설에서는 국방공업이 '첨단돌파전의 기본전선'으로 부각되었고, 2011년에는 국방공업이 "선군조선의 강대성의 원천이며 인민생활 향상의 믿음직한 담보"로서 "최첨단 돌파전의 선구자, 경제 전반을 이끌어나가는 기관차"의 사명을 수행해야 한다고 강조했다.

김정일 시대의 북한이 선군 경제 노선을 정립하기 전부터 과학기술에 기초한 경제 발전을 추진하고 있었다는 점도 지적할 필요가 있다. 김정일은 1998년 고난의 행군의 종료, 즉 극심한 경제난에서 벗어났음을 선언하면서 '사회주의 강성대국 건설'을 국정 목표로 제시했다. 이와 함께 과학기술을 "강성대국 건설의 힘 있는 추동력"이라 규정하며 과학기술 중시 정책을 천명하는 등 과학기술을 발전시킴으로써 경제 강국,

강성대국을 건설하고자 했다(김정일, 2005: 11). 이후 10여 년간 북한은 정보산업 시대·지식경제 시대 담론 등 과학기술 중시 정책을 뒷받침할 논리를 개발·심화하였으며, 우수 과학기술 인재 양성·경제와 과학기술의 일체화·경제의 정보화 등 주요 정책 목표를 정립하였다. 또한 2003년~2011년 과학기술 예산을 연평균 20% 이상 대폭 증액하면서 과학기술 중시 정책을 실제로 추진하였다(〈표 1〉, 〈표 2〉 참고).9) 즉, 김정일 시대 북한은 과학기술에 기초한 경제와 국방의 동시 발전을 시도하고 있었다.

<표 1> 김정일 집권기 북한 국가 예산 및 과학기술 예산 증가율

(지출계획 기준, 단위: %)

구분	2003년	2004년	2005년	2006년	2007년	2008년	2009년	2010년	2011년
국가 예산	14.4	8.6	11.4	3.5	3.3	2.5	7.0	8.3	8.9
과학기술 예산	15.7	60.0	14.7	3.1	60.3	6.1	8.0	8.5	10.1

* 출처: 『로동신문』, 『조선중앙통신』의 2003~2011년 최고인민회의 관련 보도에서 정리.

<표 2> 김정일 집권기 과학기술 중시 정책의 주요 전개 과정

시기	주요 사건
1998년	'사회주의 강성대국 건설'과 과학기술 중시 정책 천명 제1차 과학기술 발전 5개년 계획 시작(~2002년)
1999년	1999년을 '과학의 해'로 지정, 김정일 위원장이 과학원으로 새해 첫 현지 지도
2000년	과학기술 중시 사상 천명('과학기술은 강성대국의 3대 기둥 중 하나')
2001년	정보산업 시대 담론 등장
2002년	선군시대 경제 건설 노선 확정 정보기술 인재 양성 강화 시작: 김일성종합대학 컴퓨터학과 신설, 중학교 컴퓨터 수재반 설치 등

---

9) 김정일 집권기 북한 과학기술 중시 정책에 대한 자세한 내용은 변학문(2016a), 제2장을 참고할 것.

2003년	제2차 과학기술 발전 5개년 계획 시작(~2007년)
2004년	2.16 과학상 시상 시작(2003년 제정), 과학기술 예산 전년 대비 60.0% 증액
2007년	과학기술 예산 전년 대비 60.3% 증액
2008년	제3차 과학기술 발전 5개년 계획 시작(~2012년)
2009년	4월 인공위성(광명성 2호) 발사, 5월 2차 핵 시험 CNC에 기초한 '최첨단 돌파' 천명, 국방과학기술의 민간 이전 시도 '지식경제 시대' 담론과 '과학기술 강국 건설' 등장
2011년	'새 세기 산업혁명'론 정립

* 출처: 변학문 · 권영덕(2017: 12).

2) 국방 과학기술의 민간 이전 가시화

북한은 2009년 4월 5일 '광명성2호' 발사 직후 CNC(Computerized Numerical Control, 컴퓨터 수치 제어)를 부각하기 시작했다(조선중앙통신, 2009.4.5). 정보통신 기술과 정밀 기계 기술을 결합한 CNC 공작기계는 고도의 정밀 부품을 가공하는 기술이기 때문에 장거리 로켓과 인공위성을 자체 제작한 나라들은 대부분 CNC 기술을 보유하고 있다. 따라서 북한도 그 수준은 정확히 알 수 없으나 장거리 로켓과 인공위성을 제작할 수 있는 CNC 기술은 확보하고 있다고 보는 것이 타당하다(강호제, 2015: 249-276). 북한은 자체 역량으로 개발한 CNC 기술이 선군 경제 노선의 정당성을 입증하는 증거이자 자국 과학기술 발전의 상징이라고 주장했다(로동신문, 2009.4.7). 2010년 신년공동사설은 광명성2호, 핵 시험과 함께 CNC 기술을 "강성대국의 대문을 두드리는 놀라운 사변"으로 꼽았다(로동신문, 2010.1.1). CNC를 개발함으로써 자신들이 과학기술 강국에 올라섰다는 주장은 이후에도 되풀이되었다(로동신문, 2011.3.12; 채일출, 2011).

이와 함께 북한은 CNC를 민간 경제에 활용하기 시작했다. CNC를 구성하는 정보통신기술과 정밀 기계 기술 등 상대적으로 선진적인 기술들을 민간 생산현장에 도입하여 생산과 경영의 효율성을 높이려 한 것이다(강호제, 2011: 174-218). 북한 매체들은 2009년 말부터 국방 부문의 CNC 개발에 힘입어 생산현장의 변화가 빨라지고 있다고 보도했다. 예컨대 천리마제강연합기업소, 대안중기계연합기업소, 강계뜨락또르종합공장, 운산공구공장, 압록강기계종합공장, 수풍베아링공장 등이 CNC에 기초한 생산체계를 전면 도입하는 등 "경제 전반의 CNC화"가 급진전 중이라고 선전했다(조선중앙통신, 2009.12.21). 2010년에도 2.8비날론련합기업소, 평양곡산공장, 룡성기계련합기업소, 금성뜨락또르공장 등 다양한 부문의 생산현장들에 CNC 설비가 확산 중이라는 보도가 이어졌다(로동신문, 2010.3.12; 3.26; 7.5; 7.13).

　2011년에도 북한 매체들은 경제 전 부문이 "인민경제의 현대화, CNC화를 앞장에서 이끌어나가는 국방공업의 위력"을 기초로 빠르게 발전하고 있다는 보도를 이어갔다(로동신문, 2011.8.1). 나아가 이해 11월에는 CNC를 필두로 한 최신 과학기술을 지속적으로 확산한 결과 자신들이 경제 전반을 지식기반 산업으로 빠르게 변화시키는 '새 세기 산업혁명'의 단계에 접어들었다고 주장하기에 이르렀다(로동신문, 2011.11.10). 즉, 2011년 말 북한 매체들은 '국방 과학기술의 확산에 기초한 경제 성장'을 자신들이 나아갈 바로 분명히 하고 있었다.

　한편 2009년은 김정일의 후계자로 확정된 김정은이 등장한 해이기도 하다. 따라서 후계자 김정은의 활동은 CNC를 필두로 한 국방 과학기술의 민간 이전과 함께 시작된 셈이다. 북한은 2009년부터 김정일이 사망한 2011년 12월까지 김정일 시대 과학기술 정책과 선군 경제 노선의 주요 내용과 성과, 향후 과제를 집대성하여 김정은 시대의 노선을 정립하였다(변학문, 2016b).

4. 김정은의 경제-핵 병진노선과 '경제 건설에 총력 집중'

1) 경제-핵 병진노선은 명실상부한 병진노선

북한은 인공위성 '광명성 3-2호' 발사(2012년 12월), 3차 핵 시험(2013년 2월) 직후인 2013년 3월 로동당 중앙위원회 전원회의에서 경제-핵 병진노선을 채택했다. 경제-핵 병진노선은 말 그대로 핵 무력을 강화하여 국가 안보를 확보함과 동시에 경제 건설에 주력하여 인민들이 "부귀영화를 누리는" 나라를 만들자는 노선이다. 당시 북한은 '경제 건설에만 집중하고 싶지만 미국 등 적대세력의 적대정책이 더욱 심해진 상황에서 부득이하게 핵 억지력을 강화할 수밖에 없다'고 주장했다(조선중앙통신, 2013.3.31). 북한은 2016년 5월 7차 당 대회에서도 "병진노선은 항구적으로 틀어쥐고 나가야 할 전략적 노선"이라고 주장하며 경제-핵 병진노선을 재천명했다(김정은, 2016).

경제-핵 병진노선에 대한 국내 전문가들의 평가는 전반적으로 부정적이었는데, 무엇보다 '군사적 목적은 달성할지라도 경제 발전에 성공할 가능성은 낮다'는 전망이 지배적이었다. 예를 들어 경제-핵 병진노선이 재래식 군비경쟁을 심화시키고, 정치에 대한 경제의 과도한 종속을 지속시켜 오히려 경제 성장에 방해가 될 것이라는 예측이 제기되었다(김연철, 2015: 33-66). 경제-핵 병진노선이 국제사회의 대북 제재를 강화하고, 과도한 군비 투자의 지속으로 인해 자원의 제약을 가져와 경제 발전이 힘들 것이라는 관측도 나왔다(이영훈, 2015; 김동엽, 2015). 북한의 의도가 무엇이든 경제-핵 병진노선은 결과적으로 병진이 아니라 핵/국방 우선으로 귀결된다고 본 것이다. 실제 북한이 대북 제재 강화를 감수하면서까지 '핵 무력 완성'을 목표로 세 번의 추가 핵 시험(2016년 1월·9월, 2017년 9월)과 수십 차례의 탄도미사일(ICBM·IRBM·SLBM

등) 발사를 감행한 것도 경제-핵 병진노선을 국방 우선 노선으로 보이게 만들었다.

그러나 북한이 경제-핵 병진노선 채택 이후 2017년 11월 29일 '화성 -15형' 미사일 발사에 성공하고 핵 무력 완성을 선언할 때까지 국방력 강화에만 힘을 쏟은 건 아니었다.[10] 북한은 김정은의 첫 공개연설 때부터 과학기술에 기초한 경제 강국 건설이 핵심 국정 목표임을 일관되게 강조했다(조선중앙통신, 2012.4.15). 2016년 7차 당 대회에서는 '사회주의 강국 건설'을 기본 투쟁과업으로, 과학기술 강국은 이를 실현하기 위해 "선차적으로 점령하여야 할 목표"로, 경제 강국 건설은 '당과 국가가 총력을 집중해야 할 기본전선'으로 규정했다(로동신문, 2016.5.9; 〈그림 1〉 참고).

북한은 실제로도 과학기술에 기초한 경제 발전을 위한 전방위적 조치들을 시행해왔다. 예컨대 전체 주민들의 과학기술 역량을 높이기 위해 소학교부터 성인교육에 이르는 교육 과정 전반에서 과학기술 교육을 대폭 강화하고 교육환경을 개선하고 있다. 과학 연구를 활성화하기 위해 과학기술에 대한 전 사회적 투자를 확대하고 김정일 집권기부터 추진해온 과학자 우대정책도 강화했다. 이와 함께 평양을 중심으로 수십 곳의 경공업, 농업 생산단위에 컴퓨터와 자동화 기술을 기반으로 한 통합생산체계를 구축했다(〈표 1〉 참고). 전력난 해결을 위해 친환경 에너지 개발 및 이용도 활성화하고 있다.[11]

---

[10] '화성-15형' 미사일은 고각으로 발사되어 53분 동안 최대 고도 4475km, 수평 거리 950km까지 비행했다. 당시 많은 미사일 전문가들은 화성-15형을 정상 각도로 발사하면 미국 동부까지 날아갈 수 있는 수준이라고 평가했다.

[11] 김정은 집권 이후 과학기술에 기초한 북한 사회의 변화에 대해서는 변학문·권영덕(2017)을 참고할 것.

<그림 1> 북한의 '과학기술 강국-사회주의 강국' 구상

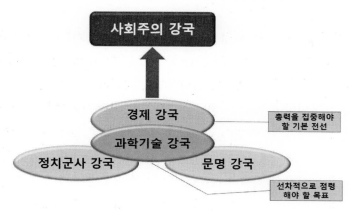

* 출처: 변학문 · 권영덕(2017: 8).

<표 3> 김정은 집권 이후 현대화·정보화된
주요 경공업·농업 생산단위(2018년 8월 기준)

부문	사업장 명
식료	평양기초식품공장, 평양어린이식료품공장, 평양강냉이가공공장, 금컵체육인종합식료공장, 만경대경흥식료공장, 대동강과일종합가공공장, 룡악산샘물공장, 평양곡산공장, 선흥식료공장, 류경김치공장, 2월20일공장, 제525호공장, 제534군부대 종합식료가공공장, 제354호식료공장, 11월2일공장, 강서약수공장, 삼지연감자가루생산공장, 금산포젓갈가공공장, 송도원종합식료공장 등
섬유봉제	김정숙평양제사공장, 김정숙평양방직공장, 평양양말공장, 사리원대성타월공장, 평양가방공장 등
잡화	룡악산비누공장, 류경생활용품공장, 평양체육기자재공장, 원산구두공장, 민들레학습장공장, 낙랑영예군인수지일용품공장, 류원신발공장, 평양화장품공장, 신의주화장품공장 등
농수축산	장천남새전문협동농장, 제122양묘장, 5월9일메기공장, 평양메기공장, 평양자라공장, 대동강돼지공장, 평양건축종합대학 축산기지, 삼천메기공장, 평양버섯공장, 4월22일태천돼지공장, 1116호 농장, 순천메기공장, 평북돼지공장, 강원도양묘장, 석막대서양연어종어장 등
의료위생	정성제약종합공장, 보건산소공장, 치과위생용품공장, 평양제약공장 등

* 출처: 변학문(2018: 94).

2) '국방 과학기술의 민간 이전' 확대의 징후들

김정은 집권 후에도 북한은 '국방공업이 국가 경제구조에서 주도적 지위를 차지하는 특수한 조건에 맞게 국방공업에서 최첨단 과학기술을 적극적으로 개발하면서 민수공업과 연계를 강화하여 경제 전반의 현대화 수준을 끊임없이 높여야 한다'는 점을 강조해왔다(김덕철, 2015: 38). 북한이 내세운 경제-핵 병진노선의 명분도 논리상으로는 국방 과학기술의 민간 이전을 예고하고 있었다. 북한은 경제-핵 병진노선이 핵 억지력을 확보하여 최소 비용으로 안보를 강화하고 남는 재원을 경제 발전에 투입할 수 있게 해주는 노선이라고 주장했다(근로자, 2013.5: 5-7). 따라서 이러한 주장이 실행에 옮겨진다면 핵 억지력의 확보, 유지, 강화에 필수적이지 않은 군사기술들은 굳이 군대가 독점하거나 숨길 필요가 없어지게 된다.

북한은 국방 과학기술을 활용한 경제 발전 시도를 김정일 집권 말기보다 더욱 강화한 것으로 보인다. 물론 북한이 군수 과학기술을 구체적으로 공개하지 않는 상황에서 어떤 기술이 민간으로 옮겨갔는지 정확히 확인할 수는 없다. 다만 여러 정황을 통해 군수 과학기술을 민간 경제 발전에 활용하려는 시도를 다양하게 하고 있음을 알 수 있다.

먼저 김정은 집권 이후 북한은 경제에 대한 내각 책임제·내각 중심제를 계속 강조, 강화해왔다(김정은, 2012; 황이철, 2015). 이에 따라 과거 군대가 독점해온 군수공업에 대한 내각의 관할권도 점차 확대해온 것으로 알려져 있다(임수호 외, 2015: 62). 특히 2013년 4월부터 총리직을 수행 중인 박봉주가 7차 당 대회에서 노동당 정치국 상무위원과 당 중앙군사위 위원으로 진입하고 2016년 6월 29일 신설된 국무위원회 부위원장에 임명되는 등 정치적 입지가 계속 강화되었다는 점을 주목할 만하다. 그는 2000년대 초부터 김정일의 신임 속에 경제개혁을 주도하

면서 당과 군의 소위 '특수경제'까지 개혁하려다 이를 거부한 당과 군의
반발 속에 2006년 6월 총리 직무 정지 후 2007년 실각했던 이력이 있다
(한기범, 2010). 이런 경력을 가진 박봉주의 정치적 입지와 그가 이끄는
내각의 경제 관할권이 강화됨으로써 군의 물적·기술적 자원을 민간에
투입할 가능성도 높아진 것으로 보인다.

　'1월18일기계종합공장'은 인민군 산하 공장은 아니지만 미사일과 탱
크 부품 등 군수물자 생산에서 중요한 역할을 하는 공장으로 알려져 있
다. 북한 보도에 따르면 이 공장은 2015-16년에 걸쳐 정보화, 자동화, 무
인화를 높은 수준에서 구현하고 유연생산체계까지 확립했다고 한다.
김정은도 2015년 12월, 2016년 8월 이곳을 방문하여 "기계제작공업의 맏
아들공장", "최고수준의 기계공장, 본보기공장"이라고 극찬했다(로동신
문, 2015.12.20; 2016.8.10). 나아가 김정은은 2017년 11월 한 자동차공장
을 방문하여 "1월18일기계종합공장에서 질 좋은 기관들을 꽝꽝 생산"하
는 등 자동차 생산과 연관된 부문들의 기술적 토대가 튼튼하기 때문에
현대적인 자동차공업을 창설할 수 있다고 자신했다(로동신문, 2017.
11.4). 즉, 무기 생산을 위해 개발한 기술을 자동차공업 발전에 활용하
려는 것이다.

　좀 더 가시적인 변화로는 인민군 산하 생산단위의 현대화를 최고 수
준에서 진행하고 민간 공장 현대화의 본보기로 삼고 있다는 점을 꼽을
수 있다. 예를 들어 인민군 산하 '2월20일공장'은 장류를 생산하는 곳으
로서 2014년 북한 최초로 무인화된 식품공장이라고 평가받았고, 김정은
은 이 공장을 식품공장 현대화의 본보기로 삼으라고 지시하였다(로동
신문, 2014.11.15). 만경대경흥식료공장은 2015년 2월 조업 개시 이후 이
공장에 기술진을 파견해 생산기술을 전수 받아 북한 최초의 내수용 캔
맥주 등 생산 품목을 확대하였다(로동신문, 2015.2.11). 인민군 산하
'122호양묘장'은 2016년 북한 최초로 묘목 생산의 전 과정을 자동화한

곳이며, 김정은의 지시에 따라 이곳을 표준으로 한 강원도 양묘장을 2018년 7월 완공하였다(로동신문, 2016.5.15; 2018.7.24). 이밖에도 〈표 3〉의 생산단위들 중 제525호공장, 제534군부대 종합식료가공공장, 5월9일메기공장, 삼천메기공장, 금산포젓갈가공공장 등이 인민군 산하 공장으로서 각 부문의 모범으로 기능하고 있다. 김정은도 2018년 여름 다수의 인민군 산하 생산단위들을 방문하여 이 단위들이 자기 부문 발전의 선구자가 되어야 한다고 강조했다(로동신문, 2018.7.25; 8.6).

북한은 군수공업 부문의 생필품 생산 및 판매 확대도 시도하고 있다. 북한은 1950년대 말부터 군수공장에서 생필품을 일부 생산하기 시작했다고 알려졌지만, '군수공업부문 생활필수품 품평회'는 김정은의 지시에 따라 2015년 9월 처음 개최되었고 2017년 9월에도 열렸다(로동신문, 2015.9.22). 이는 민간보다 높은 기술력을 보유한 군수공업의 생필품 생산능력과 제품 품질을 점검·홍보하고 생필품 생산을 확대하기 위한 것으로 보인다. 2015년 완공된 미래과학자거리 내 창광상점은 군수공업 부문이 생산한 생필품을 전문적으로 판매한다(로동신문, 2015.9.25).

북한은 국방 과학기술 인력 양성의 핵심 기관인 국방종합대학도 2016년 김정은 방문을 계기로 설립 반세기 만에 처음으로 공개하였다(서광, 2017.11.27). 이후 '김정은국방종합대학'으로 이름을 바꾼 이 학교는 2017년 9월 개최된 '전국정보화성과전람회-2017'에 참가하기도 했다. 앞으로도 국방종합대학의 공개 활동이 계속된다면 이 대학이 보유한 과학기술을 대외적으로 공개하고 활용하겠다는 결정이 내려졌다고 판단할 수 있다.

3) 인민군 최고위직 교체와 국방 과학기술의 민간 이전

앞서 언급한 대로 북한은 2018년 4월 핵 병진노선을 종결하고 경제

건설에 총력 집중을 결정했다. 경제와 핵이라는 두 가지 목표 중 핵 억지력 확보에 성공했으니 남은 과제인 경제 강국 실현에 국가 역량을 쏟겠다는 것이다. 그리고 한 달 뒤 북한은 노동당 중앙군사위원회 확대회의를 열어 인민군 서열 1~3위인 총정치국장, 총참모장, 인민무력상을 동시에 교체했다. 이에 대해 국내에서는 '김정은의 비핵화 결정에 대한 군부의 반발에 선제적으로 대응하기 위해 온건파를 임명한 것'이라는 해석이 주를 이루었다.

이 글은 인민군 수뇌부 중 총정치국장과 인민무력상 교체에 '국방 과학기술의 민간 이전 가속화' 의도가 담겨 있다고 추정한다. 먼저 서열 1위인 신임 총정치국장 김수길은 인민군 중장(한국의 소장)이었다가 평양시당 위원장을 역임한 인물이다.[12] 중요한 점은 그가 평양시당 위원장으로 재임한 2014년 4월~2018년 5월 평양시가 과학기술 중시 정책의 집행에 따라 활발히 변화했다는 사실이다. 평양 소재 공장과 농장의 통합생산체계 구축, 전국적인 과학기술보급망 구축을 위한 과학기술전당 건설과 과학기술보급실 확충, 초 · 중등 교육환경의 본보기로서 평양중등학원과 평양초등학원 현대화, 과학자 우대정책의 상징인 미래과학자거리와 려명거리 건설, 대학교육 개혁의 본보기로서 평양건축종합대학 육성 등이 대부분 김수길이 평양시를 총괄하고 있을 때 진행되었다. 즉, 김수길은 과학기술 전문가는 아니지만 북한의 최고위급 인사 중 과학기술 중시 정책의 집행 및 총괄 경험이 가장 풍부한 인물 중 한 명이다.

신임 인민무력상 노광철은 이번 인사 직전까지 군수공업을 총괄하는 '제2경제위원장'이었다고 알려져 있다.[13] 이게 사실이라면 그는 북한의

---

12) 북한 보도에서 김수길은 2014년 4월 중순부터 '평양시당위원장'으로 소개되었다 (로동신문, 2014.4.19).

13) 그러나 노광철을 '제2경제위원장'으로 소개한 북한 보도를 현재까지는 확인하지 못했다.

핵 무력 완성 시도가 절정에 달했던 시기인 2017년 북한 군수공업을 책임진 인물이다. 2017년 12월 개최된 '군수공업대회'에서 주석단에 앉은 인물 중 두 번째로 언급되었다는 사실에서도 그가 군수공업 부문의 최고위 인물임을 알 수 있다(로동신문, 2017.12.12). 따라서 노광철은 북한 군수공업과 국방 과학기술의 현황을 잘 파악하고 있는 인물이라고 추정할 수 있다.

머리말에서 언급한 대로 위 인사를 단행한 로동당 중앙군사위 확대회의는 '혁명 발전의 요구와 인민군대의 실태를 종합적으로 분석한 데 기초하여 국가방위사업 전반의 개선을 위한 조직적 대책들을 토의 결정'하였다. 여기서 '혁명 발전의 요구'란 무엇보다 '병진노선의 종결과 경제 건설에 총력 집중'이라는 4월 20일의 결정을 의미할 것이다. 따라서 김수길과 노광철의 군 수뇌부 임명은 경제 건설에 총력 집중을 위해 국방 과학기술의 민간 이전을 가속하려는 의도가 담겨 있다고 해석할 수 있다.

5. 나가며

한국전쟁 이후 10년 가까이 경제 건설을 우선시하던 북한은 1962년 안보 환경의 급격한 악화에 대응하기 위해 병진노선을 채택했다. 그러나 "경제 발전에 일부 제약을 받더라도 우선 국방력을 강화"한다는 말에서 알 수 있듯이 김일성 시대의 병진노선은 명칭과 달리 실질적으로는 국방 우선 노선이었다.

김정일이 2000년대 초 정식화한 선군 경제 노선은 그 명칭에서부터 당시 북한이 내세운 명분, 핵 시험·인공위성 발사 감행 등을 보면 명실상부한 국방 우선 노선이었다고 판단할 수 있다. 하지만 여기에는 국방 과학기술의 비교우위를 민간 경제 발전의 기반으로 활용하려는 의도가 담겨 있었고, 2009년부터는 실제로 실행에 옮기기 시작했다. 같은 기간 북한은 과학기술 중시 정책을 천명하고 과학기술에 기초한 경제 발전도 시도했다.

김정은의 북한은 2013년 경제-핵 병진노선을 채택한 이후 말 그대로 핵 무력 건설과 과학기술에 기초한 경제 발전을 동시에 추진했다. 특히 김정은 정권은 김정일 집권기에 시작된 국방 과학기술의 민간 이전 시도를 강화했으며, 2018년 4월 경제 건설에 총력 집중을 결정함으로써 이를 더욱 활성화할 것으로 보인다.

2019년 신년사는 북이 핵과 미사일을 만드는 데 주력해온 군수공업을 경제 발전과 인민생활 향상에 본격적으로 투입하고 있고, 앞으로 더욱 확대하겠다는 점을 확인한 것이다. 북한은 군대가 "조국 보위도 사회주의 건설도 우리가 다 맡자!"라는 구호를 들고 경제 강국 건설, 5개년 전략 수행에서 큰 역할을 해야 한다고 강조하고 있다(로동신문, 2018.12.24; 2019.2.9). 즉, 북한은 자신들이 '평화'와 '경제'의 길을 선택했음을 보여주고 있다. 앞으로 북의 이러한 시도가 얼마나 효과적으로 진행될지, 그에 따라 북의 경제와 사회가 어떻게 바뀌게 될 것인지 예의주시해야 한다.

참고문헌

강호제, "선군정치와 과학기술중시 정책,"『통일과 평화』 3권 1호, 2011.

강호제, "북한의 경제발전 전략 분석: 인공위성(광명성 3호) 발사 시도와 CNC기술 개발,"『북한연구학회보』 19권 1호, 2015.

국토통일원,『북한최고인민회의자료집』 제2집(서울: 국토통일원), 1988.

김 일, "조선민주주의인민공화국 인민 경제 발전 7개년(1961~1967) 계획에 대하여,"『근로자』 9호, 1961.

김덕철, "우리 식 경제관리방법과 경제강국 건설,"『근로자』 2호, 2015.

김동엽, "경제·핵무력 병진노선과 북한의 군사 분야 변화,"『현대북한연구』 18권 2호, 2015.

김연철, "북한의 선군체제와 경제개혁의 관계,"『북한연구학회보』 17권 1호, 2013.

김용현, "북한 군사국가화의 기원에 관한 연구,"『한국정치학회보』 37권 1호, 2003.

김원국, "국방공업을 우선적으로 발전시키는 것은 선군시대 경제건설의 합법칙적 요구,"『경제연구』 2호, 2004.

김일성, "당 사업과 경제 사업에서 나서는 몇 가지 과업에 대하여(1963. 1.3),"『김일성저작집 17권』(평양: 조선로동당출판사), 1982a.

김일성, "우리 인민군대를 혁명군대로 만들며 국방에서 자위의 방침을 관철하자(1963.10.5),"『김일성저작집 17권』(평양: 조선로동당출판사), 1982b.

김일성, "평안남도의 10대 과업에 대하여(1964.8.6),"『김일성저작집 18권』(평양: 조선로동당출판사), 1982c.

김일성, "품질감독사업을 개선 강화할 데 대하여(1981.2.2),"『김일성저작집 36권』(평양: 조선로동당출판사), 1990.

김일성, "과학, 교육 사업과 인민보건사업에서 새로운 전환을 일으킬 데 대하여(1988.3.7-11),"『김일성저작집 41권』(평양: 조선로동당출판사), 1995.

김정은, "신년사,"『로동신문』, 2019년 1월 1일.

김정은, "위대한 김정일동지를 우리 당의 영원한 총비서로 높이 모시고 주체혁명위업을 빛나게 완성해나가자(2012.4.6),"『로동신문』 4월 19일, 2012.

김정은, "조선로동당 제7차 대회에서 한 당중앙위원회 사업 총화보고,"『로동신문』, 2016년 5월 8일.

김정일, "사회주의강성대국 건설에서 결정적 전진을 이룩할 데 대하여 (2000.1.1),"『김정일선집 15권』(평양: 조선로동당출판사), 2005.

로 영, "선군시대 경제건설로선은 강력한 국가 경제력을 튼튼히 마련하여 사회주의 위업을 옹호고수하고 완성하기 위한 유일하게 옳바른 로선,"『근로자』 3호, 2003.

리영립, "1964년도 기술 과학 부문 과학 연구 사업을 더욱 발전시킬 데 대하여,"『과학원통보』 1호, 1964.

변학문, "김정은 정권 과학기술 정책의 특징과 산업 발전 전략"(통일부 신진연구자 정책연구 과제), 2016.

변학문, "북한의 '과학기술 강국' 구상과 남북 과학기술 교류협력,"『통일과 평화』 10집 2호, 2018.

변학문·권영덕,『북한 과학기술 정책에 따른 평양시 변화와 남북 교류협력』(서울: 서울연구원), 2017.

사회과학원 력사연구소,『조선전사 30권』(평양: 과학, 백과사전출판사), 1981.

양문수, "북한의 경제발전전략 70년의 회고와 향후 전망,"『통일정책연구』 17권 1호, 2015.

오동욱, "현시기 기술혁명의 촉진을 위한 몇 가지 문제,"『근로자』 3호, 1963.

유정철, "우리 당의 선군정치는 강성대국건설의 위력한 무기,"『로동신문』 5월 8일, 2002.

이영훈, "김정은 시대의 경제-핵무력 병진노선의 특징과 지속 가능성,"『북한연구학회보』 19권 1호, 2015.

이춘근,『북한의 과학기술』(서울: 한울), 2005.

이태섭,『김일성 리더십 연구』(서울: 들녘), 2001.

임수호, "김정일 정권 10년의 대내 경제정책 평가: '선군(先軍) 경제노선'을 중심으로,"『수은북한경제』 여름호, 2009.

임수호 외,『북한 경제개혁의 재평가와 전망: 선군경제노선과의 연관성을 중심으로』(세종: 대외경제정책연구원), 2015.

채일출, "자주, 자립에 과학기술강국의 진로가 있다,"『로동신문』 3월 25일, 2011.

태형철, "국방공업을 우선적으로 발전시키면서 경공업과 농업을 동시에 발전시킬 데 대한 로선은 선군시대 사회주의 경제건설의 중요한 로선,"『근로자』 3호, 2003.

한기범, "북한 정책결정 과정의 조직행태와 관료정치: 경제개혁 확대 및 후퇴를 중심으로 (2000~2009)," 북한대학원대학교 박사학위 논문, 2010.

함택영, "경제·국방 병진 노선의 문제점," 경남대학교 극동문제연구소,『북한 사회주의 건설의 정치경제』(서울: 극동문제연구소), 1993.

함택영,『국가안보의 정치경제학』(서울: 법문사), 1998.

황이철, "내각책임제, 내각중심제를 강화하는 것은 경제지도와 관리를 개선하기 위한 절실한 요구,"『근로자』 3호, 2015.

"선군의 기치를 높이 들고 주체의 사회주의위업을 힘 있게 다그치자(『로동신문』,『근로자』 공동논설),"『로동신문』, 2001년 12월 21일.

"우리 당과 국가, 군대의 최고령도자 김정은동지께서 조선인민군창건 71돐에 즈음하여 인민무력성을 축하방문하시고 강력적인 연설을 하시였다,"『로동신문』, 2019년 2월 9일.

"전시회로 보는 조선의 정보화열풍,"『서광』, 2017년 11월 27일.

"강성대국건설의 위대한 전환을 안아온 력사의 기적,"『조선중앙통신』, 2009년 12월 21일.

"경애하는 김정은동지께서 김정숙평양방직공장에 선물을 보내시였다,"『로동신문』, 2014년 4월 19일.

"김일성 수상의 신년사,"『근로자』 1965년 1호.

"김정은 동지 김일성주석 탄생 100돐경축 열병식에서 연설,"『조선중앙통신』, 2012년 4월 15일.

"당의 경제건설과 핵무력건설 병진로선을 철저히 관철하여 백두산대국의 존엄과 기상을 만방에 떨치자,"『근로자』 2013년 5호.

"만경대경흥식료공장 완공, 조업식 진행,"『로동신문』, 2015년 2월 11일.

"사설: 경공업에 련속적인 박차를 가하여 인민소비품생산에서 일대 전환을 일으키자,"『로동신문』, 2011년 8월 1일.

"사설: 위대한 령도자 김정일동지의 혁명무력건설업적은 주체조선의 만년재보이다,"『로동신문』, 2018년 12월 24일.

"우리 식 사회주의의 우월성과 정보산업의 발전,"『로동신문』, 2011년 3월 12일.

"인공지구위성 ≪광명성2호≫를 성과적으로 발사,"『조선중앙통신』, 2009년 4월 5일.

"자위적 국방력 강화의 력사에 특기할 승리와 영광의 대회 경애하는 최고 령도자 김정은동지를 모시고 제8차 군수공업대회 성대히 개막,"『로동신문』, 2017년 12월 12일.

"정론: 강성대국 대문을 두드렸다,"『로동신문』, 2009년 4월 7일.

"정론: 새 세기 산업 혁명의 기발을 더 높이 들자,"『로동신문』, 2011년 11월 10일.

"조선로동당 제4차 대회 결정서,"『근로자』1961년 9호.

"조선로동당 제7차 대회 결정서,"『로동신문』, 2016년 5월 9일.

"조선로동당 중앙군사위원회 제7기 제1차확대회의 진행,"『로동신문』, 2018년 5월 18일.

"조선로동당 중앙위 2013년 3월전원회의,"『조선중앙통신』, 2013년 3월 31일.

"조선로동당 중앙위원회 제7기 제3차전원회의 진행,"『로동신문』, 2018년 4월 21일.

『로동신문』(2010년 1월 1일; 3월 12일; 3월 26일; 7월 5일; 7월 13일).

『로동신문』(2014년 11월 15일).

『로동신문』(2015년 9월 22일; 9월 25일; 12월 20일).

『로동신문』(2016년 5월 15일; 8월 10일; 2018년 7월 24일).

『로동신문』(2017년 11월 4일).

『로동신문』(2018년 7월 24일; 7월 25일; 8월 6일).

5

김정은 집권 이후, 북한의 군사분야 변화

1. 서론: 김정은 시대 북한 군사분야의 변화와 지속

북한은 김일성, 김정일 시기를 거치면서 대외안보 환경 변화에 대응하여 체제안보를 확보하기 위해 핵·미사일 개발과 함께 대남 군사력을 강화를 병행 추진해 왔다. 현 김정은 정권이 들어선 이후에도 네 차례의 핵실험과 연이은 미사일 발사로 인해 한반도 안보정세 변화의 향방을 예측하기 어려웠다. 김정은 집권 이후에도 핵무력 개발을 지속해오면서도 북한의 군사분야에 있어 눈에 띄는 변화가 몇 차례 있었다는 점에 주목할 필요가 있다.

첫 번째 변화의 시점은 2013년 북한이 장거리로켓 발사와 제3차 핵실험을 성공하고 당중앙위 전원회의(2013.3.31)에서 핵보유국임을 내세워 '경제건설과 핵무력건설 병진노선'의 전략적 노선을 채택한 때이다. 두 번째는 2016년에 36년 만에 개최된 제7차 당대회이다. 제7차 당대회 개최는 새로운 김정은 시대의 시작을 알리는 중요한 변환기이자 변곡점의 의미를 가지면서 김정은 정권이 들어선 이후 군권 장악을 마무리하고 북한 핵능력의 발전과 연계해 자연스럽게 군사정책의 변화를 추동했다. 세 번째 변화의 시점은 2018년 4월 20일 전원회의에서는 병진노선을 마무리(결속)하고 경제발전을 위한 새로운 전략노선에 매진하겠다고 선포한 때이다. 동시에 북한은 핵실험과 중장거리 탄도미사일의 발사를 중지하겠다고 선언했다. 북한은 핵무력 완성을 선포한 이후 경제발전을 위해 핵을 포기 할 수 있다는 비핵화 의지를 내보이고 있다.

북한이 1960년대부터 지속해온 병진노선을 내려놓고 비핵화까지 언급하고 있다는 점에서 북한군[1]이 그간 유지해온 군사력 건설과 군사전략의 변화 가능성에 주목할 필요가 있다. 북한이 국방경제 병진노선에도 불구하고 재래식 남북한 군사력의 불균형이 심화되는 상황에서 핵무력을 바탕으로 경제·핵무력 병진노선을 추진함에 따라 좁은 의미의 군사 영역에서 북한군이 그간 유지해온 군사력 건설과 군사전략전술의 변화 가능성도 예상해볼 수 있었다. 그러나 이제는 핵무력 완성을 전면에 내세워 경제발전에 매진하려는 의도가 뚜렷하게 나타나고 있는 상황에서 외형적으로 나타나는 모습만으로 북한의 군사력 건설과 군사전략 등 군사분야의 변화가 어떻게 나타나고 있는지를 단정하기 어렵다.

북한이 비핵화 의지를 표명하고 있다는 점에서 전적으로 이미 완성해 놓은 핵무력에만 의존하고 재래식 군사력 증강이나 개발을 포기하겠다는 것은 아닐 것이다. 북한의 핵·미사일뿐만 아니라 저비용 고효율의 선별적 재래식 군사력의 지속적인 증대는 한반도의 평화와 안보를 상시적으로 위협하는 근원이자 한반도 평화체제를 넘어 평화통일로 나아가는데 가장 위험스러운 장애물이다. 재래식 전력 측면에서 한국군은 첨단전력과 한미연합전력에 의한 질적 우세를 점하고 있지만 그럼에도 불구하고 여전히 북한이 보유한 대량살상무기인 핵무기와 그 운반수단인 중·장거리 탄도미사일은 한반도에서 군사적 불균형의 원인임을 간과할 수는 없다. 특히 북한이 자신들의 체제보장에 핵심인 핵

---

[1] 정식명칭은 '조선인민군'이다. 이글에서는 원전 인용 부분을 제외하고는 북한군으로 표기한다.

을 더 이상 개발하지 않고 비핵화를 공개적으로 내세우고 있는 상황에
서 기존 대규모 재래식 군사력에 대한 관심이 더욱 집중될 수밖에 없다
는 점에서 북한 위협의 재평가가 필요하다.

특히 비핵화를 언급하고 병진노선을 내려놓고 경제발전을 전면에 내
세우고 있는 상반되는 역설 속에서 군사력 건설과 군사전략이 어떻게
변화할 것인가는 예측 불가능하다. 이러한 상황에서 지금까지 북한이
핵을 개발해 온 이유를 여전히 미국과 협상을 통해 체제생존에 필요한
카드만으로 평가하는 것은 위험하다. 북한의 핵무력 완성 선포 이후 이
와 연계하여 나타나고 있는 경제를 우선하는 북한 내부의 다양한 변화
와 함께 군사분야의 변화와 지속을 함께 살펴보아야 할 필요가 있다.

2. 김정은의 군권 장악과 북한군의 위상 약화

틸리(Tilly)는 "전쟁이 국가를 만들었고 국가가 전쟁을 만들었다"고 지
적한다(Tilly, 1975: 42). 국가란 근본적으로 전쟁을 위한 군사조직으로
군사적 성격을 내재하고 있다고 볼 수 있다(Hintze, 1975: 181). 특히 군
사체계는 국가의 정치구조와 군대의 특성, 사회·문화적 요소들이 결합
되어 만들어진 산물이다(김동엽, 2013a: 3-4). 이러한 점에서 한 국가의
군사제도와 정책은 그 사회 전체를 이해하는데 훌륭한 출발점을 제시
한다(Moore, 1972: 14). 군대는 나름의 문화를 지닌 특수한 형태의 사회
집단이라는 점에서 변화는 불안정성을 수반할 수밖에 없다.[2] 북한 연
구에서 역시 정치체계를 비롯해 사회전반을 군사문제와 연결시키려는

---

[2] J-커브 이론에 따르면 폐쇄된 사회는 개방 등과 같은 변화로 인해 일정기간 안
정성이 저하되다가 다시 안정성을 회복하는 마치 J형의 곡선을 그리게 된다
(Bremmer(2006), 진영욱 역, 2007).

시도가 적지 않다.

북한군은 북한 내에서 비대하고 영향력 있는 사회집단 중에 하나이면서 일반적인 여타 국가들의 군과는 다른 사회문화적 특수성과 역할을 가지고 있다. 사회주의 당국가체제인 북한에서 군의 역할은 민주주의 국가의 군대가 지닌 국방의 주 임무와는 달리 정치적·사회경제적 기능에 비중이 상대적으로 크다. 북한은 군대의 역할에 대해 "우리의 혁명무력은 부강조국건설의 제일기둥, 주력군으로서 강성대국건설을 총대로 믿음직하게 담보하고 사회주의건설의 어렵고 힘든 부문에서 선구자적역할을 수행하고 있으며 우리 인민은 조국건설의 직접적담당자로서 내 나라의 번영을 위한 길에 애국의 피와 땀을 깡그리 바쳐가고 있다."고 언급하고 있다(백두산3대장군혁명력사학 편, 2010: 4). 또한 "참으로 우리 인민군대는 사회주의조국의 수호자, 부강조국건설의 선도자, 경제건설의 어렵고 힘든 전선에서 돌파구를 열어나가는 돌격대, 기수로서의 책임과 역할을 훌륭히 수행함으로써 사회주의 강성대국건설을 힘있게 추동하는 위력한 주력부대, 우리 혁명의 제일기둥이다."라고 추켜세우고 있다(백두산3대장군혁명력사학 편, 2010: 200). 이처럼 북한이 밝히고 있는 북한군의 역할은 ① 수령결사옹위, ② 국가보위, ③ 경제건설 세 가지로 정리할 수 있다(김동엽, 2013a: 146).

중국의 마오쩌둥은 "권력은 총구에서 나온다."고 했다. 북한에서도 군대에 대한 인식은 순수 군사조직이라기보다는 정치적인 조직이다. 북한 군대는 '혁명의 무장력', '혁명과 건설의 주력군(主力軍)'으로 '혁명의 참모부'인 조선노동당의 통치수단으로 폭 넓게 이용되고 있다. 그러나 당의 사인화(私人化)로 인해 현재 북한군은 당의 통치수단이 아니라 최고지도자 수령 개인의 통치수단화가 되었다. 세습정권의 안정과 영속화가 곧 당과 국가의 안정이자 미래라는 논리가 적용되고 있다. 북한군의 지위와 역할은 위협에 대응이라는 군사적 필요성뿐만 아니라 최고지도자가 군에 대한 강력한 통제력을 바탕으로 정치사회적 역할 수행을 강요하였다(김동엽, 2013b: 88).

또 북한은 1960년대 이후 오랜 기간 병진노선을 추진해 오면서 제한된 자원의 배분이 군사분야에 우선적으로 집중되어왔다. 일반적으로 과거 북한을 '군사국가(militarizing state)' 또는 '병영국가(garrison state)라고도 칭하는 것도 이러한 이유에서이다.[3] 그러나 김정은 시기에 들어와 추진하고 있는 경제 우선의 새로운 전략노선으로 인한 변화가 장기간 기득권을 쥐고 있었던 군부의 불만과 저항으로 나타날 수도 있다는 점에 주목해야 한다. 김정은 정권 등장 이후 군사 분야의 변화를 평가하기 위해서는 북한군의 가진 사회문화적 특수성 하에 김정은이 어떻게 군권을 장악하였는지에 대해 먼저 살펴볼 필요가 있다.

과연 김정은이 집권 이후 현시점에 군부를 완전하게 장악하고 있는가 하는 것은 북한군의 변화는 물론 김정은 정권의 현재를 평가하고 미래를 예측할 수 있는 중요한 요인이다. 김정일 사망 전 김정은이 공식 후계자로 등장한 이후, 향후 김정은 정권이 군부 중심의 집단지도체제나 섭정체제로 유지될 것이라는 예측이 지배적이었다. 단순히 나이가 어리고 경험이 부족한 김정은이 북한 군부를 장악하기는 쉽지 않을 것이란 이유 때문이었다. 그러나 처음 많은 사람들의 예상과는 달리 군부 중심의 집단지도체제는 나타나지 않고 있다. 이미 김정일 사망 전 김정은 후계자 시기부터 당을 통한 군통제가 강화되기 시작했다.

김정은이 2010년 9월 노동당 제3차 대표자회를 통해 후계자로 등장했을 때 처음 공식 직함이 바로 당중앙군사위 부위원장이었다. 김정일이 후계자인 김정은에게 군 관련 직책을 우선 부여한 것은 김정은이 군

---

3) 이에 대한 선행연구와 논의는 와다하루키의 '유격대국가'와 '정규군국가', 이종석, 김용현의 '군사국가화' 등을 참조할 것(와다 하루끼(和田春樹), 서동만·남기정 역, 2002; 와다 하루키, 남기정 역, 2014; 이종석, 1997; 김용현, 2001).

부를 장악할 수 있는 여건을 제공하고 동시에 군을 세습정권을 유지하는 수단으로 활용하기 위함이라고 할 수 있다. 김정은이 조기에 군권을 장악하고 군부통제가 가능했던 것은 이미 김일성과 김정일 시대 구축해 놓은 시스템이 있었기 때문에 가능했다(김동엽, 2016a: 39).

2011년 12월 17일 김정일 사망 이후, 김정은으로 권력 승계는 신속하고 안정적으로 이루어졌다. 2주 후인 12월 30일 김정은은 공식적으로 가장 먼저 북한군 최고사령관직에 올랐다. 이어 2012년 4월 11일 4차 당대표자회와 4월 13일 최고인민회의 12기 5차 회의에서는 노동당 제1비서와 국방위원회 제1위원장에 선출되었다. 이로써 김정은은 북한의 당·정·군 3대 권력기구의 최고 직위를 차지하며 권력승계를 사실상 완료했다. 김정은은 정권의 공고화를 위해 집권 초기부터 당을 기반으로 군권을 장악하는데 주력하였다. 김정은 집권 이후 북한은 당 주요 공석을 충원하고 수시로 당정치국 전원회의 및 확대회의 등 당의 공식 협의체를 통해 주요 정책을 결정하는 등 당 기능을 정상화시켰다. 그로부터 4년이 지난 2016년 제7차 당대회와 최고인민회의를 통해 노동당 제1비서는 당위원장, 국방위원회 제1위원장은 국무위원장으로 바뀌었으나 북한은 최고지도자가 김정일에서 김정은으로 바뀐 것 외에는 달리 커다란 변화를 찾아 볼 수 없다.

김정은은 2016년 제7차 당대회와 최고인민회의를 통해 당과 국가기구를 개편하면서 김정은을 정점으로 한 당 중심의 군부 통제를 더욱 강화하였다. 무엇보다 김정일 시대 선군정치의 상징적 기관이던 국방위원회를 국무위원회로 확대 개편한 것은 수령과 국가의 관계인 국가영도체계를 명확히 하면서 당국가체제를 정상화하여 군에 대한 통제를 강화한 것으로 볼 수 있다. 국가주권의 최고국방지도기관이었던 국방위원회가 국가주권의 최고정책기관인 국무위원회로 확대 규정되었음을 의미하면서 한편으로 '국가의 전반적 무력 건설 사업'과 지도 권한이 당 중앙군사위원회로 이관된 것이라고 할 수 있다(김갑식, 2016). 북한이 2018년부터 기존 1932년 4월 25일이었던 조선인민군 창군일을 1948년 2월 8일로 변경하여 1948년 10월 10일 당 창건 이후로 재지정한 것 역시 역사적으로도 당군관계의 우선순위를 명확하게 정리하려는 의도라고 볼 수 있다.[4]

<그림 1> 김정은 시기 북한 군사지휘체계

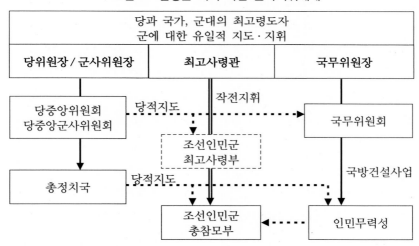

* 출처: 김동엽(2016b: 53).

김정은 집권 이후에는 주요 군 인사의 직책과 계급상의 변화가 심하게 나타나고 군 엘리트들의 권력서열이 낮아지는 모습을 보여 왔다. 군의 4대 직책인 총정치국장, 총참모장, 인민무력부장(현재는 인민무력상), 총참모부 작전국장 전원을 교체하고, 특히 당관료 출신인 최룡해

---

[4] 북한은 1978년에 조선인민군 창건일을 1948년 2월 8일에서 1932년 4월 25일로 변경하고 인민군 창건 46주년 기념식을 거행하였다. 이전 29년 동안 김일성은 5년마다 한 차례씩 2월 8일에 인민군 창건을 축하하는 연설을 하였다(서대숙, 서주석 역, 1990: 12).

를 총정치국장에 임명하였다. 군단장급 이상 주요 지휘관들의 경우에
도 대부분 교체되어 평균연령이 61세에서 55세로 감소하였고, 계급은
상장에서 중장급으로 낮아졌다. 이는 상대적으로 나이가 적은 김정은
이 군에 대한 지휘체계를 확립하기 위해 젊은 인원들로 교체한 것으로
보인다. 김정은 집권 초기 나타난 군 주요 직위자의 잦은 교체와 계급
장 조정을 통한 견장 정치는 군부를 틀어쥐기 위한 김정은식 '군 길들
이기' 방식이다. 변화에 순응하는 군 엘리트는 남고 조금이라도 불만을
가지거나 문제가 있으면 제거되었다. 파격적이고 잦은 군 인사 교체를
통해 북한군내 불만을 조기에 잠재우고 김정은에 충성하는 군 만들기
를 시도한 것이다(김갑식 외, 2015: 100). 한편 각종 부정부패에 연루된
노쇄한 군 상층부의 교체로 인해 군기강 확립과 군민관계가 개선에도
도움이 되었다는 점에서 부가적으로 사회적인 효과도 있었을 것으로
보인다.

현재 김정은의 군권장악에 대해서는 의심의 여지가 없다. 2016년 2월
초에 있었던 당중앙위원회 · 당인민군위원회 연합회의 확대회의에서 김
정은은 전군에 "인민군대는 오직 최고사령관이 가리키는 한 방향으로만
나아가야 한다" 강조하였다(조선중앙통신, 2016.6.04). 또한 2016년 2월
14일 금수산태양궁전 광장에서 개최된 조선인민군 육군 · 해군 · 항공
및 반항공군 장병들 충정맹세 예식에서 군을 대표해 황병서 정치국장
은 충성 맹세 연설을 통해 "인민군대는 영원히 변함없는 김일성 · 김정
일의 군대이며 우리의 총대는 최고사령관을 결사옹'위하고 오직 최고사
령관의 영도만을 받드는 김정은 총대"라고 밝히면서 "김정은을 수반으
로 하는 당중앙위원회와 금수산태양궁전을 결사옹위"하겠다고 다짐하
고 있다(조선중앙통신, 2016.02.14).

김정은 시대에 들어와 군에 대한 당의 영도와 지도가 더욱 강화되고
북한이 정상국가 확립과 경제발전에 집중하면서 상대적으로 군의 위상

도 크게 약화되었다. 김정은 시기 군의 위상 특히 북한 권력 구조의 핵심인 노동당 정치국내 군의 위상 약화가 두드러지게 나타나고 있다. 지난 수십 년 동안 전통으로 이어져온 북한군부 서열 1위인 인민군 총정치국장이 노동당 정치국 상임위원직에서 해제되었고 2019년 현재 북한군 3대 핵심 지휘부인 총치국장 김수길, 인민군 총참모장 리영길, 인민무력부장 노광철 모두 정치국 후보위원이다.[5] 반면 김정은은 당과 국가, 군을 대표하는 최고 권력자로서의 권한이 확대 강화되면서 이러한 변화는 북한의 정치와 국가의 성격 변화와도 무관하지 않을 것으로 보인다. 과거 병진노선과 선군정치로 이어지며 형성된 유격대국가, 병영국가처럼 군으로 상징되어지는 비정상적인 국가 성격이 이제는 사회주의 당국가로 정상화되는 과정으로 평가할 수 있다. 김정은 집권과 함께 군에 대한 통제와 군권 장악에 우선한 것 역시 과도한 군사주의에서 벗어나려는 북한군의 변화와 무관하지 않을 것이다.

3. 탈군사주의화와 북한군의 경제적 역할 증대

   김정은 정권 들어 당을 통한 군 통제 강화로 인해 기존 군부의 위상과 역할에도 변화가 있었다. 이는 김정일 시기에 내걸었던 선군노선의 계승과도 무관하지 않다. 북한 내에서 가장 크고 영향력 있는 사회집단 중 하나가 군부임을 고려할 때 김정은 집권에도 불구하고 상당 기간 선군노선이 유지될 것이라는 평가가 우세했다. 그러나 최근 북한 내부에서조차 선군정치에 대한 언급이 사라지고 있는 것은 김정은이 새로운

---

[5] 2017년 10월에는 총정치국장인 황병서는 정치국 상무위원, 총참모장과 인민무력부장은 정치국원이었다.

방식으로 북한을 통치하고 북한군에게 변화를 요구하고 있음을 나타내는 것이라 할 수 있다.

북한 군부의 위상과 군의 역할 변화는 단순히 김정일 시대 선군정치를 넘어 김일성 시기부터 오랜 기간 북한사회를 관통해온 군사주의화 정책과 관련된다. 일부에서는 김정은 시대에도 사회 전반에 군사우선주의와 군사주의화 유지가 불가피하다고 보는 시각이 있다. 반면, 김정은 집권 이후 나타난 핵무력 경제 병진노선과 최근 경제 우선의 새로운 전략노선은 일면 탈선군, 탈군사주의화를 가져올 수도 있다는 점에서 북한 군사분야는 물론 사회 전체의 변화로 이어질 가능성이 높다. 다만 오랜 기간 북한에서 통치 방식과 자원배분에 우선이었던 군을 어떻게 변화시킬 것인가는 장기적인 관점에서 김정은이 직면할 또 다른 불안정 요인이 될 수도 있다.

김일성 이후 북한의 군사정책은 국방경제병진노선을 바탕으로 한 군사중심주의를 기반으로 하고 있었다.[6] 북한경제는 1960년대 이후 국방·경제병진노선을 바탕으로 중공업우선의 불균형발전전략이라는 정책기조를 지속하여 왔다. 중공업 우선 발전전략은 농업, 경공업부문에서 부가가치를 창출할 자원을 흡수함으로써 경제의 비효율성을 극대화하는 우를 범하게 되었으며, 후진국의 자원, 자본, 기술수준 등의 발전 잠재력을 무시한 전략이었기 때문에 자원낭비를 초래하였다(조영기·조동호, 2010: 25). 국방·경제병진노선은 소규모 경제인 북한경제가 국방공업에 치중할 수밖에 없는 여건에서 인민경제를 구축시키는 효과로 경제의 효율성을 도모하는데 많은 문제점이 노정되었다. 군대의 물적

---

[6] "위대한 수령님께서는 1962년 12월 당중앙위원회 제4기제5차전원회의에서 력사상 처음으로 경제건설과 국방건설을 병진시킬데 대한 로선을 내놓으시고 〈한손에는 총을, 다른 한손에는 낫과 마치를!〉이라는 혁명적 구호를 제시하시였습니다."(로동신문, 2013.4.2).

토대를 보장하기 위해 우선적인 자원배분이 이루어짐으로써 경제를 더욱 어렵게 만들었다(함택영, 1998: 172-177).

김일성 사망 직전 북한은 3차 7개년계획(1987~1993)의 실패를 인정하고 1994년부터 농업, 경공업, 무역 3대 제일주의를 표방하면서 중공업 우선주의의 폐해를 극복하려고 했다. 그러나 김정일 집권과 동시에 고난의 행군(1995-1997)을 지나며 계획경제가 무너졌다. 결국 1997년 10월 김정일이 당 총비서에 취임하고, 선군정치의 등장과 함께 3대 제일주의를 폐기하고 중공업 위주의 자립적 민족경제론을 부활시켰다. 김정일은 2002년 9월 국방공업을 우선적으로 발전시키면서 경공업과 농업을 동시에 발전시키는 '선군경제노선'을 제시하였다(조선신보, 2003.04.11). 이어서 김정일은 지난 2003년 8월 28일 "당이 제시한 선군시대의 경제건설노선을 철저히 관철하자"를 발표하면서 '선군경제노선'을 공식화하였다(김정일, 2013: 1).

위기를 모면하기 위해 시작된 선군정치가 덧씌워 지면서 국가경제는 더욱 비정상화되었다. 선군정치 역시 과잉군사와 과잉안보의 문제점을 안고 있었다. 김정일 시기 '선군경제노선'은 국방을 위해 전적으로 경제의 희생을 강요하는 김일성 시대 '국방·경제병진노선'과는 다소 차이가 있으나 근본적으로 국방 중심에서 벗어나지 못하고 있다는 면에서 국방공업이 중공업을 대체한 것에 불과할 뿐 과거 김일성의 중공업 우선의 경제 발전과 동일한 연장선상에 있다고 할 수 있다.[7] 국가의 거의 모든 역량을 군사 부문에 우선하여 국가를 운영하는 전략은 과거 국

---

[7] 북한은 지난 2014년 8월 28일 김정일의 선군경제 관련 노작 발표 11돌을 맞아 로동신문 논설에서 북한의 중공업은 "국방공업에 적극 이바지하고 경공업과 농업발전에 필요한 물질기술적 조건을 보장하는 위력한 중공업으로 발전하고 있다"고 언급했다. 그리고 "국방공업을 우선적으로 발전시키면서 경공업과 농업을 동시에 발전시키는데 대한 선군시대 경제건설로선이 가장 인민적인 로선"이라고 강조했다(로동신문, 2014.08.28).

방·경제병진노선과 같이 자원의 배분구조를 왜곡시키고 비효율성을 증가시키는 구조적 한계를 가지고 있기 때문이다.

김정은 정권 등장 이후 북한은 '경제건설과 핵무력건설 병진노선'하에서 당을 중심으로 강도 높은 소위 북한식 군 개혁을 추진해 왔다.[8] '경제·핵무력 병진노선'을 채택한 직후 로동신문은 4월 1일자 사설을 통해 "경제강국 건설에서 보다 큰 비약과 혁신을 일으켜 나갈 수 있는 불멸의 대강"이 마련되게 됐다고 의미를 부여했다(로동신문, 2013.04.01). 또한 "국방비를 추가적으로 늘이지 않고도 전쟁억제력과 방위력의 효과를 결정적으로 높임으로써 경제건설과 인민생활 향상에 힘을 집중할 수 있게 한다는데 새로운 병진노선의 참다운 우월성이 있다"는 점을 강조하면서 "이제는 우리에게 강력한 핵억제력이 있고 그 어떤 강적도 타승할 수 있는 군사적 힘이 갖춰져 있기 때문에 경제강국 건설과 인민생활 향상을 위한 투쟁도 마음먹은 대로 다그쳐 나갈 수 있게 됐다"는 것이고 "미제가 우리를 핵으로 위협하며 경제건설에 제동을 걸던 시대는 지나갔다"고 언급했다(로동신문, 2013.04.02).

과거 김일성이 내세운 국방경제노선이 운영 차원에서의 비정상화의 원인이었다면 김정일 시기 선군정치는 조직 차원에서 비정상화를 심화시킨 요인이라고 할 수 있다. 이러한 점에서 김일성의 국방경제병진노

---

[8] 북한이 2013년 3월 전원회의에서 채택한 '경제건설과 핵무력건설 병진노선'에 대해 북한의 규정한 내용을 요약하면 ① 김일성과 김정일이 철저히 구현해 온 '경제와 국방 병진노선'의 계승이며 심화·발전, ② 핵무기는 정치적, 경제적 흥정의 대상이 아니라 어떠한 이유로도 포기할 수 없는 생명줄, ③ 세계의 비핵화가 실현될 때까지 핵무력을 질량적으로 확대 강화, ④ 군사력과 작전상의 중추로서 핵무력의 전투준비 태세 완비, ⑤ 국방비를 추가적으로 늘리지 않고도 전쟁 억제력과 방위력의 효과를 결정적으로 높임으로써 경제건설과 인민생활향상에 힘을 집중할 수 있는 방도, ⑥ 주체적인 원자력 공업에 의거하여 핵무력을 강화하는 동시에 전력문제도 풀어나갈 수 있는 합리적인 노선이라는 것이다(조선중앙통신, 2013.03.31).

선과 김정일의 선군정치는 선대의 계승이 아니라 어떻게든 청산해야하는 과거일 수밖에 없는 것이다. 과거의 국가운영방식이 전쟁에 우선 대비해야 했던 시대적 상황에 비추어 볼 때 불가피하였다면 이제는 핵무력을 바탕으로 정상적으로 국가경제를 운영할 수 있게 되었다는 것이다. '경제·핵무력 병진노선'을 통해 안보에 문제가 생기지 않으면서도 경제를 회생시키기 위해 기존 군 경제에 우선해온 자원의 배분을 인민경제로 재분배하고 이에 따른 군심 이반을 어떻게 관리하는가 하는 것이 북한식 군개혁의 핵심이라고 할 수 있다. 핵으로 안보불안과 위협을 해소하면서도 이를 바탕으로 경제발전을 도모해 나가겠다는 것이지만 결국에는 오래된 군사중심주의에서 탈피하려는 몸부림이라고 할 수 있다.

김정은의 북한군에 대한 개혁 의지는 7차 당대회와 최고인민회의를 통해 보다 명확하게 나타났다. 7차 당대회와 최고인민회의의 핵심 키워드는 당과 핵을 바탕으로 한 정상화이고, 이 두 가지가 향하고 있는 목표는 경제발전을 통한 세습정권의 안정과 영속화라고 할 수 있다. 이는 핵 선전선동 차원에서도 잘 나타나고 있다. 강력한 핵억지력을 바탕으로 안보문제를 해소하고 경제발전에 매진할 수 있는 여건을 조성하는데 주력하는 안보와 경제의 두 마리 토끼 잡기인 것이다. 경제·핵무력 병진노선의 성과를 극대화하여 대내적으로 핵 역량을 과시하는 동시에 강성국가로의 진입을 선언하고 문명국가로의 비전을 제시하려는 의도를 가지고 있다. 또한 2016년과 2017년까지 핵미사일 개발내용을 다양한 매체를 통해 적극적으로 공개하는 것 역시 대표적인 핵 선전선동의 하나로 핵을 김씨 정권의 '위대한 업적'으로 선전하면서 외부의 적을 부각하여 현 상황의 책임을 돌리고, 주민들을 사상무장과 내부결속을 통해 혁명과업 수행으로 발동시키는 데 활용하기 위함이었다.

당대회를 통해 당중앙군사위원회의 위원 구성에 변화를 준 것이나 최고인민회의에서 국방위원회를 국무위원회로 변경한 것을 비롯해 일련의 조치들을 보면 국가운영은 물론 사회전반을 지배하고 있는 군사 중심주의에서 벗어나기 위한 제도적 장치를 마련한 것으로 볼 수 있다. 또한 당대회에서 '국가경제발전 5개년 전략'을 제시하고 최고인민회의를 통해 법령까지 채택하면서 '인민경제전반의 활성화'와 '경제부문별 균형 보장'을 강조한 것도 '경제 · 핵무력 병진노선'을 앞세워 과거 국방공업 우선 정책의 폐단을 바로잡겠다는 의도라 할 수 있다. 북한은 기존에 강조하던 국방공업 중심의 중공업이 아니라 에너지 문제 해결과 인민경제 선행부문, 기초공업부문 정상화, 농업 및 경공업생산 증산 등을 중심과업으로 삼고 있다. 여기에 전 노동당 재정경리부장이었던 한광상이 군의 재정 문제를 담당하는 인민무력성 부상(차관)을 맡아 중장계급장의 군복을 입고 김정은의 현지지도에 수행하는 것 역시 경제문제에 있어 군에 대한 통제강화를 보여주는 것이라 할 수 있다(로동신문, 2016.07.06).

그러나 이러한 조치로 지금까지 국방에 우선적으로 집중되었던 자원이 민간경제로의 바로 이동될 것이라는 예측하는 것은 조심스럽다. 북한의 경제 규모 자체가 그렇게 크지 않다는 점에서 볼 때 기존 군경제로 투입되었던 자원을 인민경제로 전환한다고 해서 경제문제를 해결할 가능성은 높지 않다. 오히려 급격한 자원의 재배분은 군내 불만 등 부작용이 더 클 수 있다는 점에서 2016년 제7차 당대회와 최고인민회의를 통한 군개혁은 실질적인 자원배분의 이동이라기보다 정상화를 위한 근본적인 체질개선으로 보는 것이 적절할 것이다. 이는 그동안 유지되어온 김정일 시대 군 중심의 비상관리체제가 2016년을 기점으로 공식적으로 종료되고 사회주의 당국가체제가 정상화된 김정은 시대의 시작을 공식화한 것이라고 볼 수 있다. 이미 조선노동당 중앙위원회, 조선노동당 중앙군사위원회는 제7차 당대회를 앞두고 2016년 2월 '조선노동당 중앙위원회, 조선인민군위원회 연합회의 확대회의'를 계기로 인민군대의 당에 대한 절대 복종체계를 구축했다. 또한 「조선로동당 중앙위원회, 조선로동당 중앙군사위원회 공동구호」 362개를 발표하면서 "국방공업부문이 경제강국건설과 인민생활향상에 적극 이바지하라!"는 정치군사분야 구호를 포함시켰다(조선중앙통신, 2016.02.18).

김정은 시기 군사변화에 있어 가장 큰 변화는 바로 병진노선의 종료를 선언한 것이다. 북한은 2018년 4월 20일 김정은 위원장이 참석한 가운데 열린 당 중앙위 제7기 제3차 전원회의에서 결정서 「경제건설과 핵무력 건설 병진로선의 위대한 승리를 선포함에 대하여」를 채택하면서 ▲핵무기 병기화 실현 ▲2018년 4월 21일부로 핵실험 및 대륙간 탄도 미사일 시험 발사 중단, 풍계리 핵실험장 폐기 ▲한반도 및 세계 평화·안정을 위해 주변국 및 국제사회와의 대화 적극 추진 등을 천명했다. 또한 2013년 병진노선을 처음 제시한 뒤부터 지난 5년 동안 경제건설 부문에서도 진전이 이뤄졌다고 부연하면서 '사회주의 경제건설 총력집중' 신전략노선을 동시에 발표했다. 이를 통해 비핵화의 대내적 명분을 만들면서도 안보에서 경제로 전환점을 만들었다(조선중앙통신, 2018.04.21).

<표 1> 시기별 국방·경제간 자원배분

노선	국방·경제 병진노선	선군경제노선	경제·핵무력 병진노선	경제건설총력집중 새로운 전략노선
시기	김일성(1962년)	김정일(2002년)	김정은(2013년)	김정은(2018년)
자원배분	국방 〉〉〉 경제	국방 〉〉 경제	국방 〉 경제	국방 ≥ 경제

북한은 병진노선 종료 관련 조치와 의미에 대해서 '경제건설 및 핵무력 건설 병진노선'과 관련된 과업들이 일정하게 실현됐다고 주장하고 있다. 특히 핵무력 부분은 완성되어 더 이상 핵실험과 미사일 발사시험

도 필요 없으니 개발을 중지하고 경제발전에 총력을 다 하겠다는 것으로 요약할 수 있다. '병진노선의 위대한 승리' 선언 및 '사회주의 경제건설 총력집중' 신전략노선 동시 발표를 통해 비핵화의 대내적 명분을 만들면서도 비핵화 협상 결과에 따른 모호성을 유지하는 전략적 선택지를 확보하려는 의도로 보인다.

북한이 지난 2018년 4월 20일 제7기 제3차 전원회의에서 병진노선을 종료하고 "당과 국가의 전반사업을 사회주의경제건설에 지향시키고 모든 힘을 총집중할 것"이라고 선언한 이후 북한군의 경제적 역할이 급속히 증대하고 있다. 경제건설총력 집중으로 전략노선 전환 후 군에서는 당의 전략노선변화를 성공시키기 위한 군사분야의 경제발전 지원이 핵심과제로 부각되고 있다는 점에서 이는 과거 북한처럼 군대가 우선인 국가모델에서는 상상할 수 없는 일이다. 이어 5월에 개최된 당중앙군사위원회 7기 1차 확대회의에서도 재래식 전력증강 없이 오히려 보병전력의 축소와 건설전문부대 확대를 통해 경제건설에 집중하는 새로운 전략노선을 뒷받침하고 있다. 또 같은 회의에서 교체된 김수길 총정치국장은 과거 평양시 현대화 사업을 주도하였고 노광철 인민무력상은 군수공장 지배인 및 제2경제위원회 위원장 경력을 가지고 있어 군 수뇌부 교체도 군대의 경제건설 참여와 연계된 조치로 볼 수 있다(국가안보전략연구원, 2018: 23). 실제 양덕군 온천지구 건설현장, 원산갈마해안관광지구, 단천호 발전소 건설 등에도 군병력이 투입되어 북한군의 경제건설 책임이 증대하였고 군병력의 건설현장 투입은 지속될 것으로 보인다. 심지어 김정은 지시로 함북 경성 중평리에 위치한 군용비행장에 대단위 채소 온실농장을 군이 직접 건설하여 제공하기까지 하였다.[9]

---

9) 노동신문은 "인민생활과 관련된 일이라면… 조국보위의 중대한 임무를 수행하는 비행장도 통째로 내어주시는 것 아니랴"라고 보도하고 있다(로동신문, 2019.03.13).

김정은은 2019년 신년사에서 2018년 "군수공업부문에서는 경제건설에 모든 힘을 집중할 데 대한 우리 당의 전투적 호소를 심장으로 받아안고 여러 가지 농기계와 건설기계, 협동품들과 인민소비품들을 생산하여 경제발전과 인민생활향상을 추동하였습니다"고 평가하였다. 그리고 "군수공업 부문에서는 조선반도의 평화를 무력으로 믿음직하게 담보할 수 있게 국방공업의 주체화, 현대화를 다그쳐 나라의 방위력을 세계 선진 국가 수준으로 계속 향상시키면서 경제건설을 적극 지원해야 한다"는 올해 과업을 제시했다.[10] 이는 북한에서 군수산업이 인민경제와 민수분야에 종속된 역사상 최초의 일이다. 지난 3월에 있었던 제5차 중대장·중대정치지도원대회에서도 군수공업부문에서 경제건설을 적극 지원해야한다고 강조하였다(로동신문, 2019.03.27).

현재의 북한의 경제상황은 외부 지원이 이루어진다고 하더라도 내부적으로 자원의 효율적인 재분배가 이루어지지 않는다면 성공하기 어렵다. 결국 김정은은 과거부터 지속되어온 과도한 군사주의를 어떻게 부작용 없이 탈피하면서 군의 경제적 역할을 증대할 것인가에 주력하고 있는 것으로 보인다. 김일성, 김정일 시기를 거쳐 오는 동안 체질화된 과도한 군사중심주의는 현재의 젊은 김정은이 볼 때 장기적 관점에서 오히려 자신의 권력과 세습정권의 불안정성을 높이는 중요한 위협 요인이 될 수도 있다. 김정은 정권이 생존하기 위해 선행되어야 할 것은 바로 비대해진 군을 어떻게 틀어쥐고 변화시키는가 하는 것이다. 그러나 북한이 경제에 집중한다고 해서 군사문제를 소홀히 하겠다는 것은 아니다. 오히려 비대칭 및 선택적 재래식 군사력의 효율적 강화로 자위권을 확보하는 '북한식 국방개혁'을 지속해 추진해 나갈 것이다.

---

[10] 신년사에서는 "핵무기연구부문과 로케트공업부문에서는 이미 그 위력과 신뢰성이 확고히 담보된 핵탄두들과 탄도로케트들을 대량생산하여 실전배치하는 사업에 박차를 가해나가야 한다"고 강조하고 있다(조선중앙통신, 2019.01.01).

4. 북한의 핵무력 완성과 선택적 재래식 군사력의 강화

김정은은 집권 이후 2017년까지 5년간 성과를 핵무력 완성에 집중했다고 볼 수 있다. 북한의 핵전력 강화와 운영전략 변화는 김정은 정권에 들어와 보다 구체적으로 드러나고 있다. 김정은은 당정군의 최고 지도자 자리를 위임받자 2012년 4월 헌법 개정을 통해 핵보유국임을 선언했다. 2013년 2월 3차 핵실험 이후 3월 31일에는 '경제건설과 핵무력건설 병진노선' 채택하였다. 4월 1일에 핵·우주 법제화를 단행했다. 또한 헌법에 '핵보유국'을 명시한 데 이어 최고인민회의 제12기 7차 회의(2013.4.1)에서는 법령 ≪자위적 핵보유국의 지위를 더욱 공고히 할 데 대하여≫를 채택하였다(2013.04.01).

북한은 제 7차 당대회 사업총화를 통해서도 '국방공업 강화'를 언급하면서 핵무기의 소형화·다종화와 반(反)항공 방어체계의 수준을 끌어올려야 한다고 주문하였다. 특히 핵을 당대회 개최의 최고 성과이자 승리의 원천으로 간주하면서도 7차 당대회를 마치고 발표한 호소문을 통해 "주체적 핵무장력을 보다 질량적으로 강화"하자고 거듭 강조하였다. 향후 '경제·핵무력병진노선' 하에서 핵억제력을 앞세운 북한의 군사력 건설 방향을 짐작케 한다.

북한의 핵물질·핵기술 능력은 빠르게 발전해 왔다. 북한은 핵물질 생산과 함께 지금까지 총 6차례의 핵실험과 각종 미사일을 시험발사하는 등 핵·미사일 역량의 개발·증대에 보다 매진해 이미 핵무기를 완성하는 수준에 이르렀다. 북한은 2017년 9월 있었던 6차 핵실험을 통해 ICBM에 탑재할 수소탄 개발을 완료하였다고 주장하면서 11월 29일 미 본토 전역을 사거리로 둔 화성 15형 대륙간탄도미사일 발사에 성공한 후 핵무력완성을 선포하였다. 이어 2018년 신년사를 통해 원자탄, 수소탄, 대륙간탄도미사일까지 보유함으로써 종합적 국력과 전략적 지위가 새로운 단계에 올라섰다고 자평하며 핵무력 완성을 재확인하였다. 북한의 다양한 탄도미사일 개발 및 운용은 핵무력의 운용전략적 차원에서 응징적 억지전략과 거부적 억지전략의 병행하는 것으로 다양한 사거리대의 탄도미사일을 이용해 한반도와 인근 지역 미군 기지는 물론 미 본토까지 타격 가능한 맞춤형 핵공격능력을 보유하려는 의도라고 할 수 있다(김동엽, 2016a: 55). 이제 북한의 핵위협은 수사적 위협으로만 존재하는 것이 아니라 현실의 세계에 존재하는 위협이 되었다.

그렇다고 북한이 핵에만 전적으로 의존하고 재래식 군사력을 포기하겠다는 것은 아니다. 북한의 주장대로 핵무력을 완성했다고 하더라도 오랜 기간 유지해온 대규모 병력과 재래식 전력을 단숨에 줄일 수는 없을 것이다. 실제 북한은 핵무력 완성에도 불구하고 자위적 국방력을 강조하며 재래식 군사력 건설을 적극 도모하고 있다. 더욱이 북한이 병진노선을 내려놓고 경제에 매진하겠다고 하면서 체제보장에 핵심인 핵무력을 더 이상 개발하지 않고 풍계리 핵실험장까지 폭파하며 비핵화를 공개적으로 내세우고 있는 역설 속에서 북한의 재래식 전력에 대한 재평가가 필요하다.

김일성 시기부터 김정일 시기까지 지속되어온 과도한 군사 우선주의와 군 중심의 국가운영을 김정은 시기에 들어와 하루아침에 변경하기는 어렵다. 핵을 바탕으로 하되 일부 선별된 분야의 재래식 전력에 대해 집중적이고 효율적인 군사력 건설을 적극 도모해 왔다. 북한이 최근까지도 김정은의 군사분야 현지지도를 통해 지속적으로 신형 대구경방사포, 파도관통형/스텔스함정, 다목적 무인기 등 신형무기를 공개하고 있다. 북한이 대공방어 전력 등 일부 제한된 재래식 군사력 건설에 집중하고 있다고 해서 북한의 군사전략전술이 수세적 또는 방어적이라고 단정하는 것은 시기상조이다. 아직까지 북한이 군사비나 재래식 무기를 감축했다는 증거는 없다(김동엽, 2018: 244).

오히려 최근 비핵화를 내세우고 있는 입장에서 보면 경제발전과 연계하여 저비용고효율의 선별된 재래식 전력에 대해 집중적으로 군사력 건설을 도모해 나갈 가능성이 높다. 화성 15형 발사 직후 2017년 12월 개최한 '제8차 군수공업대회'에서는 국방과학 연구 사업과 국방력 강화를 토대로 주체적 국방공업 발전에서 일대 비약을 일으키기 위한 방도들이 토의되었다고 밝히고 있다(조선중앙통신, 2017.12.13). 또 지난 2018년 11월 16일과 2019년 4월 17일에는 김정은 위원장이 국방과학원을 찾아 신형부기 시험을 지도했다고 북한 언론이 보도했다. 북한은 이날 시험한 무기가 무엇인지 구체적으로 공개하지는 않고 '새로 개발한 첨단전술무기', '신형 전술 유도무기'라고만 밝혔다. 2018년 2월 8일 건군절과 9월 9일 정권수립일 기념 퍼레이드에서도 새로운 미사일과 신형자주포 등 재래식 억지력을 지닌 무기를 선보였다.

북한은 경제로 국가운영의 중심이 이동하고 비핵화까지 거론되는 상황에서 단순히 유형적인 재래식 군사력을 어떻게 유지할 것인가에만 고민하지 않고 무형적인 측면에서의 군사력 유지와 강화를 강조하고 있다. 2015년 신년사에서 김정은은 국방분야에 대해서 "올해의 혁명무력 건설과 국방력 강화에서 새로운 전환을 일으켜 군사강국의 위력을 더 높이 떨쳐야 하겠습니다"라며 "당이 제시한 군력강화의 4대전략적로선과 3대과업을 철저히 관철하여야 합니다"라고 언급하였다(김정은 신년사, 2015), 2016년 신년사에서는 '4대전략적노선'을 '4대강군화노선'으로 변경해 호칭하였다(김정은 신년사, 2016). 김정은 시대 북한의 국방정책과 군사전략을 평가하고 예측하기 위해서는 '군력강화의 4대전략적노선과 3대과업'에 대해 주목할 필요가 있다.[11] 군력강화의 4대 전략

---

[11] 북한은 "군력강화의 4대전략적로선과 3대과업, 5대교양을 3대축으로 한다"고 강조하면서 5대교양으로는 위대성교양, 김정일애국주의교양, 신념교양, 반제계급교양, 도덕교양이라고 밝히고 있다(로동신문, 2015.03.09).

적 노선과 3대 과업은 2014년 4월 26일 당중앙군사위원회 확대회의에서 결정되었을 가능성이 높다. 이 회의에서 '인민군대를 백두산혁명강군으로 더욱 강화발전시키는데서 나서는 문제'를 토의했는데, 김정은이 '인민군대를 더욱 강화발전시키는데서 나서는 중요한 과업과 방도'를 제시했다고 알려져 있다(조선중앙통신, 2014.04.27). 지난 2월 조선로동당 중앙군사위원회 확대회의에서도 "국가방위의 책임적인 임무를 맡고 있는 인민군대가 항구적으로 틀어쥐고나가야 할 전략적로선과 혁명무력의 강화발전을 위한 과업과 방도를 밝혔다."라고 언급하였다(로동신문, 2015.02.23). 아직까지 '4대강군화로선'과 '3대과업'에 대해 북한이 정확하게 밝힌 적은 없다. 단지 그 동안 북한 언론을 통해 나온 김정은의 발언과 군현지지도 기사 등에서 유추해 볼 수 있을 뿐이다.

　일부에서는 군력강화의 '4대강군화로선'이 1960년대 김일성 시기에 '국방·경제병진노선'과 함께 나온 '4대군사노선'(전인민의 무장화, 전군의 간부화, 전지역의 요새화, 전군의 현대화)과 동일한 것으로 보거나 일부 변형된 유사한 것으로 보는 평가도 있다. 그러나 중소분쟁시기 극심한 안보 우려 속에 김일성이 제시한 '4대군사노선'은 인민경제에 대한 희생을 감내하면서까지 제한된 자원을 중공업 중심의 국방 분야에 투입하는 상황에서 인민의 참여와 희생을 강요하는 일종의 국가전략차원의 군사력 강화노선이다. 그러나 김정은 시기에 제시한 군력강화를 위한 '4대전략적노선'은 인민이 아닌 군에 국한된 국방정책수준의 군사노선이다. 특히 경제·핵무력 병진노선 하에서 군사력을 유지하고 강화해 나가는 방식에 대한 구체적 대안을 제시한 것이라고 할 수 있다.

　2014년 11월 조선인민군 제3차 대대장, 대재정치지도원대회에서 김정은이 "인민군대의 강군화를 군건설의 전략적로선으로 제시"하였다는 점에서 '4대전략적노선'은 군사력 유지 강화와 연관된 것으로 보인다(로동신문, 2014.11.05).[12] 지난 2014년부터 다양한 북한문헌을 통해 나타난 군력강화와 연관된 내용들을 살펴보면 정치사상과 도덕, 전법, 다양한 병종부대의 강화를 강조하면서 여기에 강군화라는 말을 붙여 표현하고 있다. 이미 2014년 8월 선군혁명령도개시 54돐 경축 중앙보고대회와 2015년 2월 조선로동당 중앙군사위원회 확대회의에서 '인민군대의 정치사상강군화, 도덕강군화로선'이라고 언급하였고, 조선인민군 해군 제164 군부대 현지지도와 전투비행사 백두산지구 혁명전적지 답사행군시에도 이를 다시금 강조하였다(로동신문, 2014.08.25; 2015.02.23; 2015.04.04; 2015.04.19). 또한 6월 고사포병사격경기를 참관한 자리에서는 "당이 제시한 전법강군화, 다병종강군화방침을 철저히 관철할수 있도록 교육과 훈련방법을 부단히 갱신"할 것을 강조하였다(로동신문, 2015.06.18). 이를 종합하면 '경제·핵무력 병진노선'하 과거와 달리 국방에 대한 투입이 제한될 수밖에 없는 상황에서 군(사)력을 강화하기 위해 김정은이 제시한 '4대강군화노선'이라는 것은 ① 정치사상강군화, ② 도덕강군화, ③ 전법강군화, ④ 다병종강군화라고 할 수 있다.

과업이란 성과를 올리기 위해 해야 할 일이나 임무를 의미하며, 군사적으로는 예하부대에 부여된 기능이나 직무 또는 상부에 의한 지시를 뜻한다. 즉 군력강화의 '3대 과업'은 '4대전략적노선' 보다 하위의 구체화된 분야와 행동이라 할 수 있다. 군력 즉 군사력의 구성을 볼 때 이를 강화하기 위해서 과업이 필요한 3가지는 첫째가 인적요소인 군인의 복무자세나 정신적 측면과 관련된 것이며 둘째는 실제 무기를 다루고 임무를 수행하는 측면, 그리고 셋째는 물적요소인 무기와 관련된 것이라고 할 수 있다. 북한 노동신문은 2015년 2월 김정은이 "모든 부대들이

---

12) 북한에서 '군 대대장.대대정치지도원대회'가 처음 열린 것은 김일성 시대인 1953년 10월 29일로 당시는 '군 대대장.정치부대대장회의'라는 명칭을 사용했다. '제2차 군 대대장.대대정치지도원대회'는 김정일 시대인 2006년 10월 6일에 열렸다.

전쟁에 대처할 수 있는 정치사상적, 군사기술적, 물질적 준비를 충분히 갖춘 근위부대가 될 것을 절실하게 요구하고 있다"고 언급하였다고 밝혔다(로동신문, 2015.02.28). 또한 4월 24일부터 25일까지 평양에서 개최된 조선인민군 제5차 훈련일군대회에서는 김정은은 "오늘 인민군대 앞에 나서는 가장 중요하고 절박한 과업은 훈련혁명을 일으켜 당의 전략적 의도에 맞게 전투준비를 완성하고 모든 지휘성원들과 군인들을 그 어떤 전투임무도 자립적으로 원만히 수행할 수 있게 정치사상적으로, 군사기술적으로, 육체적으로 튼튼히 준비시키는 것"이라고 언급하였다(로동신문, 2015.04.26). 노동신문 역시 조선인민군 창설 83돐을 맞이하여 "백두산총대의 승리의 전통을 대를 이어 빛내여나가자"라는 제목의 사설을 통해 "인민군대는 전군이 투철한 수령결사용위정신으로 만장약된 사상과 신념의 강군, 령활무쌍한 전략전술과 전법, 현대적인 무장장비를 갖춘 무적의 강군"이라고 내세우고 있다(로동신문, 2015.04.25). 김정은 시기에 들어와 북한은 '4대전략적노선'과 함께 그 어느 때 보다 군인들의 사상무장을 강조하면서 훈련의 중요성과 무기개발을 위한 군사과학기술분야에 대한 언급을 지속하고 있다는 점에 주목할 필요가 있다.13) 북한이 군력강화를 위한 '3대과업'이 무엇인지 구체적으로 나열한 바 없지만 최근까지 북한이 강조하고 있는 것을 종합해 볼 때 '3대과업'은 인적요소의 강화차원에서 ① 사상무장의 강조, 무기성능 강화차원에서 ② 과학기술의 발전, 그리고 운용능력 강화측면에서 ③ 실질적 훈련으로 예측해 볼 수 있다.

　김정은 시대 들어 북한이 추진하고 있는 국방정책과 군사전략은 초

---

13) "경애하는 김정은 동지께서는 현대전의 특성과 최신군사과학기술발전의 추세, 날로 첨예화되는 정세의 요구에 맞게 인민군대를 김일성-김정일전략전술과 영웅적전투정신, 완벽한 실전능력을 소유한 무적필승의 강군으로 만들며 우리 군대의 군사기술적위력을 강화하기 위한 투쟁을 진두에서 이끄시였습니다"(로동신문, 2015.04.25).

기 경제·핵무력 병진노선을 바탕으로 이를 합리화 정당화하면서 대내
외적으로 안보에는 문제가 없는 군사력을 유지해 나가는 것이 핵심이
자 특징이다. 이제는 병진노선을 내려놓고 경제에 매진하면서 비핵화
를 내세우고 있다는 점에서 재래식 군사력의 선별적 강화와 정치사상
적 무장을 더욱 중요시 할 것이란 점에서 '4대 강군화로선'과 '3대과업'
은 앞으로 당분간은 계속 유효할 것이다.

5. 결론: 북한의 군사분야 변화 전망

최근 김정은이 당을 통해 북한을 이끌어 나갈 것이라는 평가가 주를
이루고 있다. 3대 세습이 가지는 태생적 한계 속에서 김정은 정권의 성
격을 규정하기는 이르지만 무엇보다 우선 기존의 선군정치를 형식적으
로나마 유지하면서도 정치적인 안정을 도모하기 위한 답을 당에서 찾
으려 할 것으로 예상된다. 그러나 당을 통해서 정치적 안정이라는 목적
을 완전히 달성하는 데는 분명 한계에 직면할 것으로 보인다. 과도하게
당에 편중된 시각은 오히려 김정은 정권을 예측하는 데 잘못된 시각을
제시할 가능성이 높다.

김정은 정권은 권력의 안정적 유지차원에서 당이 분명 우선이다. 그
러나 김정은 정권이 단순히 권력 장악을 통한 공포의 정치적 안정이 아
닌 경제나 사회, 대외안보적 문제와 연관하여 사후정당성을 확보하기
위해서는 당을 넘어서는 국가가 정상적으로 작동할 필요가 있다. 특히
실제 정책의 시행에 있어서는 당 조직뿐만 아니라 당적 지도하에 군이
아닌 국가기관의 정상적인 역할을 필요로 한다. 따라서 김정은이 오로
지 당에만 전적으로 의존할 것으로 보이지는 않는다. 일정 시간이 흐르
고 나면 권력기반은 당을 중심으로 하되 실제 국정은 국가기관인 국무

위원회와 내각을 중심으로 운영할 가능성도 배제할 수 없다. 내부적으로 실질적인 권한과 정책결정은 당을 통해 이루어진다고 하더라도 외형적으로는 국가기관인 국무위원회 등을 통해 정책을 집행하는 형태를 보일 가능성이 높다. 최근 북한이 국가제일주의를 내세우는 것도 이와 같은 맥락으로 이해할 수 있다.

김정은 정권 수립시 기존의 군이 전면에 서 있는 당국가체제만으로는 궁극적으로 정권유지와 체제영속화가 불가능하다는 점을 인식했을 것이다. 과거 양극화된 냉전시기에 많은 사회주의국가가 존재하였을 때와 현재의 상황은 판이하게 다르다. 과거 사회주의 국가들과는 국가 대 국가간의 관계가 아닌 당 대 당 또는 국가 대 당의 관계가 가능했다. 그러나 지금은 중국과 베트남, 쿠바 등과 같이 여전히 사회주의국가의 형태를 유지하고 있는 국가가 있다고는 하지만 대부분의 사회주의 국가들이 체제전환을 통해 과거와는 다른 국가중심의 정치체제로 탈바꿈한 상황에서 북한은 이제 국제사회에서 당을 전면에 내세워 관계를 유지하고 활동하는 것에는 한계가 있을 수밖에 없다. 결국 내부적인 정치적 안정과는 별도로 외부적으로는 당 조직이 아닌 국가조직을 통한 국가 대 국가의 관계형성이 체제생존에 필연적일 수밖에 없다. 이는 향후 북한이 국제사회에서 정상적인 국가 행위자로 행동할 수 있을 것인가 하는 문제와 직결된다.

향후 김정은이 군 장악력을 바탕으로 김정일이 남긴 선군정치와 지금까지의 과도한 군사주의화를 어떻게 극복해 나갈 것인가에 대한 예측이 김정은 정권의 미래를 바라보는 중요한 기준이 될 것이라 본다. 최근 김정은 정권하에서 나타나고 있는 다양한 변화가 전략적인지 전술적인지 판단하기는 시기상조이다. 특히 '경제·핵무력·병진노선'을 앞세운 김정은 정권의 새로운 '탈군사화' 시도가 성공할 것인가 실패할 것인가의 판단은 시기상조이다. 김정은이 추진하고 있는 변화는 과거부터 지속되어온 '실질적 선군'의 굴레를 벗고 '명목상 선군'을 내세우면서도 '당 영도 하 선군정치'에서 '당 영도 하 내각경제'로 서서히 이동하고 있는 것으로 보인다. 김정은은 이를 추진해 나가기 위해 군을 보다 확고히 장악해 나가고, 정책 추진에 적합한 인물들로 군부를 채워나가는 점도 안정성 차원에서 주목해 볼 대목이다.

어떠한 사회든 변화는 불안정을 수반한다. 단기적 안정에도 불구하고 최근 북한에서 나타나고 있는 현상들을 보면 장기적으로 북한의 불안정성이 증가할 가능성도 배제할 수 없다. 이는 곧 김정은 정권의 동태적 안정성에 따른 군부 장악력의 변화 가능성 상존한다. 지금은 김정은이 일면 확고한 군부장악력과 경제우선정책으로 군심 이반을 차단하고 군민 관계도 호전시켜나갈 수 있을지 모르지만 북한 경제분야의 변화는 언젠가는 김정은 정권에게 부담으로 작용할 가능성이 높다. 김정은 정권이 이러한 위험가능성을 얼마나 극복하는가에 따라 군사분야의 변화 방향도 다르게 나타날 것이다.

북한의 변화는 이제 시작된 셈이다. 특히 군사분야의 변화는 경제적 성과와 밀접한 관계가 있다는 점에서 향후 김정은 정권의 안정과 무관하지 않다. 지금까지의 변화만으로 북한의 군사를 평가하고 예측하기는 어렵다. 그렇다고 북한군이 변화를 넘어 개혁이 실현가능할 것인지 아닌지에 대해 우리가 지금 단정하는 것은 시기상조이고 주제 넘는 일이 아닐까 한다. 그러나 거기에 단순히 북한 위협에 대한 평가뿐만 아니라 한반도의 비핵평화로 만들어갈 한반도의 현재와 미래가 있을지도 모른다.

참고문헌

국가안보전략연구소, 『2018년도 정세평가와 2019년도 전망』(서울: 국가안보
　　전략연구원), 2018.

김갑식, "북한 최고인민회의 제13기 제4차 회의 분석," 『통일연구원 Online
　　Series』, CO 16-19, 2016.

김갑식 외, 『김정은 정권의 정치체제: 수령제, 당·정·군 관계, 권력엘리
　　트의 지속성과 변화』(서울: 통일연구원), 2015.

김동엽, "김정은 시대 군사안보정책과 핵전략," 박재규 외, 『새로운 북한
　　이야기』(파주: 한울), 2018.

김동엽, "선군시대 북한의 군사지도·지휘체계: 당·국가·군 관계를 중심
　　으로," 북한대학원 대학교 박사학위논문, 2013a.

김동엽, "북한의 군사지도·지휘체계," 『북한연구학회보』 17권 2호, 2013b.

김동엽, "김정은 시대 병진노선과 군사분야 변화," 민족화해협력범국민협
　　의회, 『김정은 체제 5년, 북한을 진단한다』(서울: 늘품플러스), 2016a.

김동엽, "김정은 정권의 군사정책과 핵전략," 『한반도포커스』 제36호, 2016b.

김정일, "당이 제시한 선군시대의 경제건설로선을 철저히 관철하자: 당,
　　국가, 경제기관 책임일군들과 한 담화(2003년 8월 28일)," 『김정일
　　선집 22권』(평양: 조선로동당출판사), 2013.

김용현, "북한의 군사국가화에 대한 연구,"(동국대학교 대학원 박사학위논
　　문), 2001.

백두산3대장군혁명력사학 편, 『우리공화국은 불패의 강국』, 제2판, 조선사
　　회과학학술집 105(평양: 사회과학출판사), 2010.

서대숙 저, 서주석 역, 『북한의 지도자 김일성』(서울: 청계연구소), 1990.

와다 하루끼(和田春樹), 서동만·남기정 역, 『북조선: 유격대국가에서 정규
　　군국가로』(서울: 돌베개), 2002.

와다 하루키, 남기정 역, 『북한 현대사』(파주: 창비), 2014.

이언 브레머 저, 진영욱 역, 『J커브』(서울: 베리타스북스), 2007.

이종석, "북한 위기의 구조와 전망," 『통일경제』 1월호, 1997.

조영기·조동호, 『포스트 김정일시대의 북한경제』(서울: 한국무역협회·국
　　제무역연구원), 2010.

함택영, 『국가안보의 정치경제학: 남북한의 경제력 국가역량 군사력』(서울: 법문사), 1998.

"당중앙위원회 2013년 3월전원회의정신을 높이 받들고 경제건설과 핵무력 건설로선을 철저히 관철하자,"『로동신문』, 2013년 4월 1일

"경애하는 김정은동지께서 조선로동당 중앙위원회 2013년 3월전원회의에서 하신 보고,"『로동신문』, 2013년 4월 2일

"위대한 김정일동지의 선군혁명사상과 업적을 끝없이 빛내여나가는 길에 우리의 영원한 승리가 있다,"『로동신문』, 2014년 8월 25일.

"우리 혁명의 최후승리를 확고히 담보하는 전략적로선,"『로동신문』, 2014년 8월 28일.

"경애하는 최고사령관 김정은동지의 지도밑에 조선인민군 제3차 대대장, 대재정치지도원대회 성대히 진행,"『로동신문』, 2014년 11월 5일.

"신년사 김정은,"『로동신문』, 2015년 1월 1일.

"조선로동당 중앙군사위원회 위원장이신 경애하는 김정은동지의 지도밑에 조선로동당 중앙군사위원회 확대회의가 진행되였다,"『로동신문』, 2015년 2월 23일.

"경애하는 김정은동지께서 조국해방전쟁승리기념관에 새로 꾸린 근위부대관을 돌아보시였다,"『로동신문』, 2015년 2월 28일.

"조선인민군 최고사령관 김정은동지께서 오중흡7련대칭호를 수여받은 조선인민군 항공 및 반항공 제1016군부대를 시찰하시였다,"『로동신문』, 2015년 3월 9일.

"조선인민군 최고사령관 김정은동지께서 조선인민군 해군 제164군부대를 시찰하시였다,"『로동신문』, 2015년 4월 4일.

"조선인민군 최고사령관 김정은동지께서 조선인민군 전투비행사 백두산지구 혁명전적지 담사행군대 성원들을 만나시고 고무격려해주시였다,"『로동신문』, 2015년 4월 19일.

"백두산총대의 승리의 전통을 대를 이어 빛내여나가자,"『로동신문』, 2015년 4월 25일.

"조선인민군은 대를 이어 당의 군대, 최고사령관의 군대로 영광떨칠 것이다. 중앙보고대회에서 한 조선로동당 중앙위원회 정치국 후보위원이며 조선인민군 총참모장인 륙군대장 리영길동지의 보고,"『로동신문』, 2015년 4월 25일.

"경애하는 최고사령관 김정은동지의 지도밑에 조선인민군 제5차 훈련일군 대회 성대히 진행,"『로동신문』, 2015년 4월 26일.

"조선인민군 최고사령관 김정은동지께서 고사포병사격경기를 보시였다,"『로동신문』, 2015년 6월 18일.

"신년사 김정은,"『로동신문』, 2016년 1월 1일.

『로동신문』(2015년 2월 23일).

『로동신문』(2016년 7월 6일).

『로동신문』(2019년 3월 13일; 3월 27일).

『조선신보』(2003년 4월 11일)

『조선중앙통신』(2013년 3월 31일; 4월 1일).

『조선중앙통신』(2014년 4월 27일).

『조선중앙통신』(2016년 2월 4일; 2월 14일; 2월 18일).

『조선중앙통신』(2017년 12월 13일).

『조선중앙통신』(2018년 4월 21일).

『조선중앙통신』(2019년 1월 1일).

Charles Tilly, "Reflections on the History of European State-Making," Charles Tilly, ed., *The Formation of National States in Western Europe* (Princeton: Princeton University Press), 1975.

Otto Hintze, "Military Organization and the Organization of the State," Felix Gilbert, ed., *The Historical Essays of Otto Hintze*(Oxford: Oxford University Press), 1975.

Barrongton Moore, Jr., *Reflections on the Causes of Human Misery and Upon Certain Proposals to Eliminate Them*(Boston: Beacon Press), 1972.

Ian Bremmer, *The J-Curve: A New Way to Understand Why Nations Rise and Fall*(Simon & Schuster), 2006.

김정은 시대 북한 문화의 변화
민족주의와 세계화의 결합

1. 들어가며

　김정은 체제에 들어서면서 문화분야에서의 변화가 눈에 띄게 나타나고 있다. 김정은의 등장과 함께 파격적인 변화를 보여주고 있는 〈모란봉 악단〉의 공연이나 이후의 〈청봉악단〉의 모습, 그리고 제7차 당대회에서 밝힌 '사회주의 문명국' 건설의 과제 등은 김정은 시대의 변화하고 있는 모습을 보여주고 있다. 또한 2018년 평창올림픽을 계기로 서울과 강릉에서 공연한 〈삼지연 악단〉은 노래의 선곡이나 율동 등에서 그간의 북한 문화 이미지와는 전혀 다른 모습을 보여주었다. 김정은 체제에서 북한이 보여주는 정치, 경제의 다양한 모습이 문화 분야에서도 나타나고 있는 것이다. 그러나 아직까지 북한의 '사회주의 민족문화' 건설의 이론적 변화는 보이지 않고 있다. 다만, 김정은 체제에 들어와 변화하고 있는 북한 문화의 모습은 '사회주의 민족문화'에 '현대화-세계화'가 결합되고 있는 듯하다. 암스트롱이 지적했듯이 북한의 문화가 초기부터 '민족주의'적 성격을 띠고 있었고(암스트롱, 1999), 이후 소련의 영향 속에서 사회주의적 내용을 담는 '사회주의 민족문화' 건설이 이론적으로 정립되었다면, 1990년대 '민족주의' 이론의 재정립과 더불어 오늘날에는 '사회주의 – 민족 – 현대화'를 추구하는 방향으로의 변화를 모색하고 있는 듯이 보인다. 이러한 변화는 김정은 체제에 들어와 내부적으로는 '선군의 슬로건화' 속에서 경제 개혁과 사회문화적 현대화가 추진되고 있는 것과 무관하지 않을 것이다. 즉, 김정은 체제에 들어와 문화는 문명강국 건설의 국가적 과제 속에서 과거의 틀을 계승하는 동시에 '전통과 현대'의 접합을 적극적으로 모색하고 있다고 평가할 수 있다.

이 글은 북한 '사회주의 민족문화'의 건설이 '현대화-세계화'와 만나면서 김정은 시대에 새롭게 변화하고 있는 모습을 살펴보는 것을 목적으로 한다. 이 과정에서 북한의 민족주의와 문화가 어떻게 변용되고 있는지, 그리고 현재의 모습을 어떻게 평가할 것인지에 대해 시론적인 문제제기를 던지고자 한다.

2. 북한 민족주의의 변화: '주체적 민족이론'의 정립과 재해석

일찍이 드 브레이(De Bray)는 사회주의(공산주의)는 민족주의를 배제해서는 불가능하거나 사회주의가 민족주의적 색채를 띠는 것은 불가피하다는 점을 강조했다. 그리하여 그는 자신의 주장을 '민족 공산주의'로 정리하였다. 즉, 민족주의와의 동맹 없이는 사회주의는 불가능하다는 것이다. 그의 주장이 아니더라도 사회주의와 민족주의가 결합한 사례는 제3세계 뿐 아니라 스탈린 시대의 러시아(혹은 구 소련)에서도 목격되었다. 다른 한편, 과거 소련과 중국, 중국과 베트남, 그리고 소련의 동유럽 침공 등 국제적인 연대를 주장했던 사회주의 국가들간에 벌어졌던 갈등과 충돌은 민족주의가 국제주의의 이면에서 뿌리깊게 작동하고 있음을 보여주는 사례라고도 할 것이다. 이처럼 민족주의는 사회주의와의 대립되는 경향에도 불구하고 소련 및 동유럽 그리고 제3세계 사회주의 혁명 내부에도 잠재되어 있는 중요한 동력으로 되어왔다.

사실, 사회주의는 민족주의를 부르주아 이데올로기로 규정하며 소멸해야 할 것 혹은 배제되어야 할 것으로 주장해왔다. 그러나 현실적으로 사회주의 국가들 내에서도 다양한 형태의 민족주의적 감정이 분출했고, 때로는 이를 자신들의 내부 통합과 정당성을 위한 동력으로 활용해왔다. 물론, 지금까지의 사회주의 국가들은 이러한 현상을 '민족주의'라고 이름붙이기 보다는 '사회주의적 애국주의'라는 이름으로 호명했다. 특히, 제3세계의 사회주의 혁명은 민족주의와의 결합을 통해 진행되었고, 따라서 민족주의적 색채가 이후의 사회주의 혁명과 건설에서도 짙게 배어있을 수밖에 없었다. 비록 이론적으로는 민족주의를 비판하고 배타적으로 취급했지만, 실제에 있어서는 '애국주의' 혹은 '사회주의적 애국주의'의 이름으로 이를 적절히 활용해왔다고 할 수 있다. 특히, 이러한 민족의 문제에 대해 초기부터 적극적인 태도를 취했던 경험은 북한에서 잘 드러나고 있다.

북한 역시 초기 민족에 대한 정의와 태도는 스탈린의 그것과 동일하였다. 해방 후 국가건설의 과정에서 '소련으로부터의 지원'에 의존할 수밖에 없던 상황에서 북한의 민족 · 민족주의에 대한 접근은 스탈린의 그것을 그대로 답습하는 정도였다(정영철, 2003: 1670-1671). 특히, 민족주의에 대해서는 초기 김일성의 언급을 보더라도 알 수 있듯이 극도의 부정적 평가로 일관하였다. 즉, 김일성은 부르주아 민족주의와 배타주의를 국제주의와 애국주의에 적대되는 것으로 규정하였다(김일성, 1981: 410). 이러한 입장은 민족에 대해서도 동일하였다. 스탈린의 민족에 대한 규정 즉, "민족은 공통의 문화에 나타나는 심리적 성격 및 언어, 지역, 경제생활의 공통성에 기초하여 이루어진 역사적으로 형성된 사람들의 안정적인 공동체"(편집부 편역, 1980: 320) 라는 규정은 1960년 출간된 『조선말사전』에서도 그대로 표현되어 나타나고 있다. 그러나 이러한 언급과 규정이 반드시 민족에 앞서 계급을, 민족적 이익에 앞서

국제적 이익을 주장했다는 것과는 구분해야 한다. 비록 이론적으로는
민족·민족주의에 대한 규정이 맑스-레닌-스탈린의 고전적 정의에 바탕
하고 있지만, 실천적으로는 민족을 중심에 놓는 '민족 공산주의'적 사고
는 김일성에게 오래전에 형성되어 발전되고 있었다고 보는 것이 타당
하다.

사회주의 국가에서 일반화된 현상이긴 하지만, 사회주의적 애국주의
에 대한 강조가 북한에서는 국가건설의 초기부터 강조되었고, 이는 '공
산주의자들은 가장 철저한 애국자'가 되어야 한다는 김일성의 언명에서
도 확인할 수 있다(김일성, 1982: 444). 따라서 초기 북한의 민족관은 이
론적으로는 스탈린의 민족론을 수용하고 있지만, 실천적으로는 단일
민족관을 중심으로 한 '민족 공산주의'적 입장을 가지고 있었다고 평가
할 수 있다.[1] 그리고 이는 김일성이 항일무장투쟁의 과정에서 대국주
의에 대해 겪었던 경험 등이 중요하게 작용했을 것으로 보인다.[2] 그러
나 점차 북한에서의 민족이론은 변화하기 시작하는데, 1960년대는 북한
의 잠재되어 있는 주체적 민족관이 서서히 모습을 드러내는 과도기적
상황이었다. 아직 '주체적 민족론'이 공식화되지는 않았지만, 그 발현
요소들이 나타나고 있기 때문이다. 1960년대와 70년대의 과도기를 거쳐
북한의 민족이론은 80년대에 가서야 완성된 형태로 제기된다. 주체사
상『총서』제2권에서는 '민족을 이루는 기본징표는 피줄, 언어, 지역의
공통성이며 이 가운에서도 피줄과 언어의 공통성은 민족을 특징짓는

---

[1] 김태우는 이미 1940년대부터 '혈통' 중심의 남북한 '단일민족관'을 표명하고 있
   었다고 주장한다(김태우, 2002: 15).
[2] 이러한 대국주의의 경험은 항일무장투쟁 당시의 '민생단 사건'(중국 대국주의)
   이나 소련 입경 당시의 구류(소련 대국주의) 등을 들 수 있으며, 이는 김일성
   에게 사회주의 국가임에도 불구하고 이들 국가들이 대국주의를 통해 소수민
   족 혹은 약한민족을 대하는 태도를 경험하도록 했다. '민생단 사건'을 통해 김
   일성의 민족주의적 '한'을 분석한 글로는 Han, Hongkoo(1999)를 보라.

가장 중요한 징표'로 규정하였다. 북한에서 민족은 스탈린적 민족이론에서 벗어나 경제생활의 공통성이 언급되지 않고, 혈연과 언어를 중심으로 한 민족론이 성립되었고, 계급보다 민족이 우선시되는 사상적 입장으로 정리되게 된다.3)

이처럼 역사적인 변천을 거듭하던 북한의 민족·민족주의는 1991년 김일성의 담화를 계기로 또 한 번의 단절을 거치게 된다. 김일성은 1991년의 담화에서 '민족주의는 진보적 사상'이며, 자신을 '민족주의자'로 규정하였다. 김일성은 이 담화에서 민족주의를 '부르주아 민족주의'와 '참다운 민족주의'로 가르고, '참다운 민족주의'를 진보적인 사상으로 규정하였다. 김일성의 민족주의에 대한 재규정에 따라 북한 내부에서도 민족·민족주의에 대한 재평가가 있었던 것으로 보인다. 결국 김정일의 1997년 〈혁명과 건설에서 주체성과 민족성을 고수할 데 대하여〉가 발표된 이후, 새로운 해석이 전면에 부각되었다. 김정일은 이 문헌에서 사회주의의 위업을 계급위업인 동시에 민족의 발전과 번영을 위한 위업으로 규정하고, 공산주의와 민족주의는 애국애족이라는 공통된 요구와 지향을 가지고 있음을 주장하였다.4) 이러한 김정일의 주장은 민족주의의 진보성, 민족주의와 사회주의의 관계, 사회주의 발전의 방향 등에 대한 기본적인 내용을 담고 있고, 이후 전개되는 이론적 작업에 기본적인 토대로 작용한 것으로 보인다. 이후, 2002년 소개된 김정일의

---

3) 물론, 민족우선의 사상이라고 하여 계급노선이 폐기된 것은 아니다. 이러한 민족우선의 논리는 특히 통일문제에서 전면에 제기되며, 사회주의 건설에 대해서는 계급문제가 핵심에 놓이고 있다. 그래서 여전히 '계급의식은 사회주의 수호정신의 핵'으로 자리하고 있다(김광일, 2008: 36).

4) 애국애족이 민족주의와 사회주의의 연합의 사상적 기초로 되는 것은 우선, 그것이 사회주의와 민족주의 공통의 사상감정이기 때문이며, 또한 사회주의자들이 민족주의자들과의 연합을 실현하여 민족적 독립과 사회주의를 위한 투쟁에서 운명을 같이해나가는 과정에 그 생활력이 뚜렷이 확증되고 검증된 사상감정이기 때문이다(채광룡, 2007: 27-28).

문헌에 따르면 민족주의는 크게 4가지 내용으로 요약된다. 첫째, 민족주의는 '자기 민족을 사랑하고 민족의 리익을 옹호하는 사상'이라는 기본적인 규정, 둘째, 공산주의와 민족주의는 애국애족의 공통적인 사상 감정을 공유하고 있으며, 셋째, 민족과 민족주의를 떠난 국제주의란 있을 수 없으며, 마지막으로 김일성은 공산주의자이며, 민족주의자였으며, 공산주의는 진정한 민족주의자가 되어야 한다는 것 등이다(김정일, 2005). 사실, 이후의 거의 모든 북한의 문헌 등은 민족주의를 정의하는 데서 이의 범주에서 벗어나지 않는다.

1990년대 이후의 이러한 민족-민족주의 이론의 변화는 북한의 문화적 변용과도 관련된다. 즉, 사회주의 이데올로기의 약화와 함께 이 자리를 민족-민족주의가 대신하면서 몇 가지 중요한 정치적, 사회적, 문화적 변용이 나타나기 시작하였다. 첫째로는 김일성의 사망 직전에 단군릉이 발굴되고, 오랜 역사적 문명을 이어온 동방의 문명국가라는 담론이 만들어졌다. 전형적인 민족주의 담론으로서 문명국가론과 이를 뒷받침하는 단군릉의 발굴, 그리고 이를 역사적 사실로 단정한 이면에는 주변국 특히, 중국에 대한 사대주의에 대한 비판과 그에 못지않은 역사적 뿌리를 이어오고 있다는 자부심, 그리고 사회주의 붕괴 이후에도 자신들의 민족적 전통에 대한 강조를 통해 민족 이데올로기를 강화하고자 하는 정치적 기획이 자리하고 있는 것으로 보인다.5) 둘째로는 1980년대 후반부터 그 동안 소홀히 취급하던 민족적 전통과 유산에 대한 강조를 들 수 있다. 1988년 추석을 공식적인 휴일로 지정한 데 이어, 89년에는 구정(음력 설)과 단오를 민속명절로 지정하였다. 이러한 변화는 이전까지 공산주의 생활양식과 맞지 않는다고 배격했던 것에서 벗

---

5) 북한은 1993년 10월 2일자 〈로동신문〉을 통해 단군릉 발굴을 대대적으로 보도하였다. 단군릉 관련 북한 학술대회 자료는『북한의 '민족주의' 선전 자료집』(서울: 국가안전기획부, 1995)을 참조할 것.

어나 민족적인 전통을 부활하고 재평가하면서 나타난 현상이라고 할
수 있다. 셋째로는 세계화라는 새로운 흐름에 대응하여 주체성과 현대
성을 결합하고자 하는 시도가 강화되었다. 특히, 김정일의 '주체성과 민
족성'에 대한 논문은 세계화를 다름 아닌 일체화로 규정하고, 이에 대응
하여 민족성을 강조하는 것으로 나타났다(김정일, 2000). 결국 이러한
시대적 변화를 배경으로 하여 북한의 이데올로기적 변화가 발생하였
고, 이는 북한 문화의 변화에도 영향을 미쳤다. 특히, 김정은 시대에 들
어와서는 이러한 민족주의적 색채를 보다 더 강하게 드러내면서, 여기
에 현대화의 흐름을 결합하고 있는 것으로 보인다. 특히, 김정은이 시
대정신으로 강조한 '김정일 애국주의'는 민족주의적 흐름을 계승하고
있음을 상징적으로 보여주고 있다.6)

3. 북한 사회주의 민족문화의 탄생과 역사적 흐름

북한에서의 문화 건설 초기는 소련 문화의 일방적 영향력 하에 있었
다. "쏘련을 향해 배우자"라는 구호가 말해주듯이(김일성, 1980),7) 소련
의 정치, 경제, 사회문화 시스템은 북한이 앞으로 지향해야 할 이상적

---

6) 김정은은 2012년 7월 담화를 통해 〈김정일 애국주의〉를 공식적인 이데올로기
로 규정하였다. 여기서 눈여겨보아야 할 것은 김정은이 김일성과 김정일을 모
두 '애국자'로 지칭하고 있다는 점이다. 이 역시 1990년대 이후, 민족주의에 대
한 새로운 해석에 기반하여 '애국주의'를 전면에 내걸고 있는 것의 연장이라
할 것이다(김정은, 2012b)

7) 김일성은 전쟁 직후, 소련으로부터 과학과 기술 등 모든 것을 배울 것을 요구
하였다. 비록 '쏘련을 향해 배우라'는 공개적인 언명이 전쟁 직후에 나왔지만,
이미 해방 이후 '쏘련'을 모델로 한 사회 시스템을 만들려고 했던 것은 분명하
다. 당시 많은 지식인들이 소련을 여행하거나, 소련의 지식인들이 북한에 파
견되어 국가 체제를 수립하는 데서 많은 기여를 하였다. 당시 소련은 모든 사
회주의 국가들이 배워야 할 '선진'국가였던 것이다.

인 모델이었다. 더욱이 냉전으로 인한 진영간 분열과 갈등은 소련의 입장에서도 자국의 문화적 영향력을 높이기 위한 활동을 강화하게끔 하였다. 따라서 초기 소련은 당 및 정치, 역사 저서는 물론이고 영화, 노래 등을 북한에 광범위하게 보급하였다.[8] 그리고 이는 곧 북한 지역에 소련을 중심으로 한 사회주의 문화가 도입되면서 전통적인 '조선의 문화'와의 만남과 접변을 의미하였다. 즉, 소련의 문화를 도입-수용하는 것과 동시에 민족문화에 대한 강조가 진행되었다. 당시 많은 문학 예술인들에게 일제 강점기에 억눌렸던 민족문화의 복원과 재생산이 해방 이후의 공간에서 절실한 과제였다. 이에 따라 자연스럽게 북한 지역의 많은 문학예술가들은 사회주의와 민족주의적 지향을 동시에 표출했으며, 당시의 해방 공간과 북한 초기의 정치 질서 속에서 이는 아무런 모순을 일으키지 않았다. 결국 북한의 초기 문화적 특성은 사회주의 국가의 일반적 원칙으로서 '민족적 형식에 사회주의적 내용'과 함께, '민족적 내용'에 대한 강조도 두드러지게 나타났다.

초기 소련의 영향 하에 있었던 북한의 문화는 사회주의 건설에 따라 점차 변화해갔다. 사회주의 건설이 진행되면서, 그리고 북한 특유의 정치체제가 건설되면서 문화 분야에서도 이에 따른 변용이 발생할 수밖에 없었던 것이다. 1950년대의 종파사건과 문학예술을 둘러싼 논쟁, 그리고 60년대의 사회주의 건설의 완료와 수령제 정치체제의 성립 등에 따라 북한의 문화는 사회주의 예술의 일반성과 아울러 북한 특유의 '주체문화'로 자리 잡아갔다. 특히, 1960년대 후반 및 1970년대에 김정일에 의해 주도된 일종의 '문화혁명'은 오늘날의 북한 문화의 기초를 형성하는 결정적 계기로 작용하게 되었다. 특히, 1967년 수령제 정치체제의

---

8) 일례로 소련의 영화는 1949년에만 122편이 51,196회 상영되었고, 관객 수는 약 180여만 명에 달하였다고 한다(송낙원, 2007: 41).

확립은 '수령'을 중심으로 한 전 사회적인 구조의 변화를 가져왔고, 문화분야에서도 '주체'의 확립과 더불어 수령 중심의 문화예술이 북한 문화예술의 핵심으로 등장하는 사회적 구조를 가져왔다.

북한에서 문화란 '력사발전의 행정에서 인류가 창조한 물질적 및 정신적 부의 총체'로 정의된다. 그리고 문화는 '사회발전의 매 단계에서 이룩된 과학과 기술, 문학과 예술, 도덕과 풍습 등의 발전 수준을 반영한다. 문화는 사회생활의 어떤 령역을 반영하는가에 따라 물질문화와 정신문화로 구분'된다(과학백과사전출판사, 2004: 542). 다른 한편, 문화는 북한이 주장한 바와 같이 매 단계의 사회발전을 반영하는 것으로서 북한 사회주의 발전에 따라 역사적인 변천을 거듭해왔다. 또한, 북한 역시 해방과 분단, 그리고 한국전쟁을 거치면서 문화의 내용에 반미 이데올로기, 사회주의 이데올로기, 주체사상 등의 자신들의 이념을 핵심적인 가치로 포함하였으며, 자본주의의 개인주의와 비교되는 집단주의 문화를 지속적으로 강조해왔다(김진환, 2012). 그러나 오늘날 주장되는 문화에 대한 개념과 이론은 초기 소련과의 관계 및 이후, 주체사상에 따른 주체 사회주의가 건설되는 과정에서 정립된 결과물이라고 할 것이다. 북한의 문화 및 문화건설에 대한 개념과 이론은 지금까지 자신들의 사회주의 문화건설의 역사적 흐름을 반영하고 있다.

이처럼 역사적 과정을 통해 형성된 북한의 문화는 '사회주의 민족문화'로서 자신들의 정체성을 규정하고 있다. 사회주의의 보편성과 민족주의적 특수성이 결합된 사회주의적 민족문화는 사회주의 국가에서 주장하는 '내용상의 사회주의, 형식상의 민족주의'의 북한식 변형이라 할수 있다. 북한은 사회주의적 민족문화 건설의 당위성과 필요성에 대해 다음과 같이 크게 3가지의 이유를 들고 있다. 첫째는 문화건설이 자주독립 국가의 건설에 이바지 하는 것, 둘째는 인민들의 민족적인 긍지와 자부심을 높여 민족의 존엄과 나라의 영예를 빛 내이게 하는 것, 셋째는 나라의 통일적인 발전과 민족의 공고한 단합을 담보하고 촉진하는 것이라고 주장한다(박승덕, 1985). 북한의 주장에 따르면 문화 건설의 방향은 주체문화의 건설과 동시에 노동계급적인 문화 건설이어야 한다고 한다. 여기서 '주체문화'를 건설하는 것은 자기 나라 혁명을 중심으로 하고 인민대중을 위주로 하는 사회주의 민족문화 건설의 방향으로 설정된다. 따라서 사회주의 문화는 당연히도 주체적인 문화로 건설되어야 한다는 것이다(박승덕, 1985: 1장 3절). 이러한 문화건설 이론에 따라, 북한은 민족의 특성과 자기 혁명의 이익에 맞게 문화를 발전시켜야 하며, 민족의 독자적인 발전에 따른 민족생활의 전통을 담아야 한다고 주장한다. 그리고 이러한 문화건설만이 민족적인 것과 국제적인 것과의 관계문제로 올바로 풀어나갈 수 있게 한다고 주장한다(박승덕, 1985: 1장 3절).

북한의 문화정책은 크게 5기로 나누어 볼 수 있다. 첫 번째는 해방 이후부터 한국전쟁시기까지이다. 이 당시의 사회적 과제는 '새조선 건설'이었고, 통일된 독립국가의 완성이었다. 이 시기의 문화적인 과제는 일제 잔재의 청산과 '새조선 건설'에 부합하는 민주주의 민족문화 건설이었다. 물론, 소련을 따라 배우고자 하는 풍토가 강했고 사회주의적 문화 건설에 대한 강한 열정을 보여주었지만, 내적으로는 전통과 민족주의적 문화의 발현이 강하게 표출되고 있었다. 그리고 전쟁 시기에는 전쟁 승리를 위한 지식인-예술가들의 동원과 작품의 반영이 중심 과제였다. 또한 이 시기에는 부족한 문화예술 기반을 마련하는 것도 중요한 과제였다. 두 번째는 전후복구와 수령제 확립까지의 시기이다. 이 시기는 전후 복구에 전주민이 동원되고 천리마 운동 및 1956년 8월 종파사건을 거치면서 '주체'가 점차 확립되어 가던 시기였다. 사실, 이 시기는 북한에서 수령제 체제라는 지금의 체제가 완성되어 가던 시기이며, 정치·경제·사회적으로 체제가 갖추어가던 시기였다. 정치적으로는 수령제 정치체제의 확립, 경제적으로는 자립경제체제 및 대안의 사업체계, 사회적으로는 천리마 운동과 청산리 정신, 청산리 방법에 따른 대중 지도체제가 형성되었다. 이 모든 것들을 종합하여 북한의 '주체'가 확립되어가던 시기였던 것이다. 이에 따라 문화예술정책도 주체의 확립에 맞추어졌고, 수령 김일성을 중심으로 한 항일혁명문학과 예술작품이 중심에 놓이게 되었다. 또한, 문화예술의 사상교양의 역할이 강화되고 작가-예술인들의 현실 체험 및 군중문화의 창작이 강조되었다. 수령제의 확립은 민족적 전통과 동시에 김일성 혁명 전통이 문학예술의 핵심 '종자'로 등장하도록 하였으며, 이는 주체, 자주 등의 북한의 담론과 전략적으로 결합되었다(전미영, 2015: 120). 세 번째는 김정일에 의해 북한의 문화예술정책에 일대 변혁이 일어나고 '주체 문화예술'이 정리·정돈되었던 시기이다. 1970년대 김정일의 등장은 수령형상문학을 중심으로 항일혁명전통, 그리고 '온 사회의 주체사상화'를 위한 문화예술의 역할이 강조되고, 김정일식의 문화예술론이 확립된 시기였다. 또한, 북한을 대표하는 대작들이 이 시기에 창작되었다. 1980년대를 넘어가면서 민족문화와 국제화에 대한 강조도 이루어져서 전자음악이 등장하기도 하였다. 네 번째로 1990년대에 들어와서는 전반적인 체제 위기 속에서 북한의 문화예술도 이에 크게 영향을 받았다. 선군정치의 등장으로 선군혁명문학과 창작이 중심에 놓이게 되었고, 과거에 비해 좀 더 유연하고 개방적인 모습을 보여주기도 하고 있다. 특히, 실리주의가 확산됨에 따라 보다 객관적이고, 사실적인 창작이 보다 더 강화되었다. 그러나 이 시기의 가장 큰 특징은 전반적으로 전통과 민족주의적 색채가 강화되었다는 점이다. 1990년대 들어와 민족주의 이데올로기에 대한 평가가 달라진 것, 그리고 국내외적인 정세의 변화에 따라 민족문화 전통에 대한 강조가 문화예술의 중요한 주제로 자리 잡게 된 것이다. 마지막으로 김정은의 등장 이후의 시기이다. 아직까지 북한의 문화는 근본적인 변화의 모습을 보이고 있지는 않다. 그러나 〈모란봉 악단〉의 등장이나 〈청봉악단〉의 등장에서 보듯이, 전통의 계승과 동시에 현대성을 동시에 추구하는 모습을 보이고 있다. 여전히 '민족'을 중심에 두는 민족문화의 전통을 강하게 주장하고 있으며, 특히 민족유산에 대한 강조가 지난 시기에 비해 훨씬 강화되어 나타나고 있다(조현성, 2016).[9]

전체적으로 보자면, 북한의 민족문화 정책은 1990년대 이후, 사회주의적 내용보다 민족적 내용이 더욱 강조되는 방향으로 진행되었다. 이의 원인으로는 첫째, 정통 사회주의 체제의 붕괴 이후, '우리 식 사회주의' 담론이 강화되면서 기존 사회주의와의 차별성을 강조하는 흐름이 강화된 데서 찾을 수 있다.[10] 북한은 기존 사회주의 체제의 문제점을 사회주의의 사상적 한계로부터 근본원인을 찾으면서, 자신들의 사회주의의 우월성-과학성을 강조하기 시작하였다. 둘째, 냉전의 붕괴 이후, 본격화된 세계화에 대한 대응을 들 수 있다. 세계화에 대한 북한의 인식은 제국주의 침략의 다른 이름으로써, '평화적 이행 전략'에 다름 아니었다. 이에 대해 북한은 사상적으로는 자본주의 – 부르주아 문화의 사상적 침입을 경계하면서 내부적으로는 사상교양의 강화와 동시에 민족문화를 통한 민족의식의 고취를 중요하게 제기하였다.[11] 셋째, 북한의 민족문화 정책에는 분단과 통일의 문제가 놓여있다. 즉, 남한과의

---

9) 이와 관련해서 주목해야 할 것은 잡지 『민족문화유산』이 2001년부터 발행된 사실이다. 이는 결국 민족적 전통에 대한 강조와 더불어 1990년대 이후 민족문화유산이 제대로 보존·관리되지 못한 현실을 반영하고 있다.

10) 이의 대표적인 문헌이 김정일(1998)이 발표한 문헌이다. 이 문헌에서 김정일은 맑스-레닌주의와의 결별을 고하며, 주체사상에 입각한 사회주의만이 참다운 과학적 사회주의라고 주장한다.

11) 1990년대 이후, 북한의 사회주의 사상의 변용과 민족주의의 강조에는 세계화의 흐름에 대한 적극적인 대응이 놓여있다. 이를 반영한 문헌으로는 김정일(2000)을 들 수 있다. 이 글에서 김정일은 세계화를 결국 미국화의 다른 이름이라고 규정하며, 세계화에 맞서 주체성과 민족성을 고수할 것을 주장하고 있다.

경쟁에서 민족적 전통에 대한 계승의 정당성을 주장하고자 하는 것이다. 이에 따라 북한은 1980년대 이래 민족의 전통 명절을 부활시키고, 민족문화 유산에 대한 재정비와 국가적 차원의 관리와 통제의 강화, 문학예술에서의 민족적 전통을 담는 형식과 내용의 강조 등이 이루어졌다.[12] 사실, 1990년대 이후, 북한은 민족주의의 재해석에 따라 민족주의의 긍정성을 부각시키고, 사회주의적 이념적 이데올로기의 공백에 민족주의 - 애국주의를 결합시키는 정책을 선택하였다. 이러한 측면에서 북한의 사회주의 민족문화정책은 김일성시대부터의 연속성과 동시에, 사회주의 문화건설의 일반적인 현상으로서 '형식은 민족적이지만, 내용은 사회주의적' 것에서 더 나아가 암스트롱이 북한의 초기부터 나타나고 있는 특징으로서 '내용은 민족적이고, 형식이 사회주의적'인 현상이 강화되고 있다고 볼 수 있다(암스트롱, 1999).[13]

4. 김정은 시대 북한 문화의 변용: 주체와 현대성의 결합

김정은 체제는 김정일 시대의 계승이자 동시에 '새로운 북한'을 건설해야 하는 과제를 안고 출발하였다.[14] 그러나 1990년대 이후, 물려받은

---

12) 최근 김정은 시대에 들어와 북한의 민족유산 보호에 대한 글로는 정창현(2015)을 참조할 것.

13) 암스트롱은 북한의 문화가 초기부터 사회주의적이었다기보다는 민족주의적이었다는 것을 강조한다. 그의 주장은 합당하지만, 다른 한편으로는 1950년대 말 이후, 사회주의적 문화 건설이 강조되고 사회주의적 원칙이 가장 중요했다는 점에서는 신중하게 수용되어야 한다. 특히, 1960년대 갑산파의 숙청을 전후하여 민족적 전통에 대한 과도한 강조가 억제되고 오히려 이를 수정주의로 비판했다는 점은 북한의 문화가 '민족'문화에 대한 배타적 흐름만으로 이어지지 않았음을 의미한다.

14) 김정은 시대의 국가적 과제는 2012년 4월 15일의 김정은 연설에서 극명하게 드러난다. 이 연설에서 김정은은 '선군의 계승'과 함께 '인민생활의 향상'을 주

유산은 사회문화적인 측면에서 적지 않은 부담이었고, 따라서 아래로 부터의 이러한 변화를 어떻게 수용하고 변화시킬지는 김정은 체제의 미래에 상당한 과제로 제기되고 있었다. 사실, 1990년대는 북한 역사에서 유례를 찾기 힘든 '고난의 행군' 시기였다. 정치, 경제적 위기에 더하여 시장의 확산과 외부 문화의 유입에 따른 사회적, 문화적 변용도 불가피하였다. 당국의 공식적인 담론 체계를 넘어 아래로부터의 시장 담론과 사회적 이완, 문화적 개방성이 나타나기 시작하였다. 문화 그 자체가 혼종성(hybridity)을 본질로 한다는 점에서 보자면(정영철, 2015), 1990년대 이후 북한에서의 외부 문화의 도입과 충돌, 그리고 변용은 자연스러운 현상의 하나로 볼 수도 있다. 그러나 다른 한편, 문화는 '이데올로기를 담는 그릇'으로서 문화 전파를 통한 이데올로기의 전파라는 측면에서 보자면 문화적 변용은 곧 이데올로기 – 사상의 변용을 의미하는 것으로 볼 수도 있을 것이다. 따라서 1990년대 이후의 북한 문화는 경제 위기에 따른 '문화 침체'와 동시에 외부 문화의 접변을 통한 '사상-문화'의 변용이 동시에 일어난 시기라고 할 수 있다.

이 시기의 북한 사회의 가장 큰 변화는 시장의 도입과 확산이었고, 여전히 변화의 진원지로 작동하고 있다. 시장의 도입은 불가피하게 정보의 유입에 따른 사회적-문화적 변화를 낳게 된다. 주로 북중 국경 지역의 무역 과정이나 시장에서의 거래 과정을 통해서 유입되는 외부의 정보와 문화는 북한 주민들에게 새로운 의식과 가치관을 심어주게 되고, 문화 상품의 유입에 따른 문화적 소비 형태의 변화를 불러왔다고 할 수 있다. 남한 및 중국, 러시아, 심지어는 미국의 문화 상품도 유입

장하였다. 이는 계승과 혁신을 의미하는 것으로서 이후, '병진노선'을 선택할 수밖에 없는 북한의 현실을 보여주고 있다. 즉, 지금까지 '선군'을 중심으로 했던 국가전략이 '선군'을 계승하되, 인민생활 향상을 위한 당-국가체제의 정상화 및 경제문화 생활의 강화 등으로 바뀔 것임을 보여준다. 이와 관련해서 북한의 병진노선에 대한 해석은 Chung(2016)을 참조할 것.

되면서 지역간, 세대간, 계층간 균열을 확대시키고 있는 것으로 보인다. 이러한 정보 유입에 따른 문화적 변용은 불가피한 사회적 변화 현상으로서 앞으로도 정보 유입의 완벽한 통제는 불가능할 것이며, 오히려 개방이 진행될수록 외부의 정보 유입은 보다 확산될 가능성이 높다.

중요한 것은 이러한 문화적 변용이 기존 북한의 문화적 생산과 소비에 일정하게 영향을 미치게 되고, 사람들에게 의식의 변화를 추동한다는 점이다. 이러한 변화에 직면하여 북한 당국은 사상과 통제 그리고 수용과 배제의 정책을 동원하고 있는 것으로 보인다. 즉, 외부 문화의 유입에 대해 일정 부분 수용하면서도 다른 한편으로는 국가 차원의 유연성의 증대 – 개화 문학 작품들의 소비 허용, 계몽기 가요의 허용 등 – 와『민족과 운명』등의 사례에서처럼 혁명-민족적 전통의 재강화와 간접적인 자본주의적 문화의 수용을 동시에 추구하고 있다.15) 이와 동시에 TV 등을 통해 외부 문화를 오히려 당국이 적극적으로 수용하여 방송하는 경우도 늘어나고 있다(전미영, 2015). 가장 두드러진 것은 외부 문화의 요소를 과감히 수용하여 정부 주도의 문화적 흐름을 창출하고자 하고 있다. 대표적으로 김정은 출범과 함께 등장한 〈모란봉 악단〉을 들 수 있으며, 그동안 금기시 되었던 최고지도자의 '부인'을 대동하여 공개하는 등의 파격적인 행보를 보여주고 있다.16) 이러한 모습은 북

---

15) 이처럼 김정은 시대에 들어와 외부문화의 수용과 사회문화적 변화에는 그간의 변화를 체제내화시켜야 하는 사회적 과제가 놓여있었기 때문이다. 김정은 시대의 북한이 당면하고 있는 사회적 과제에 대해서는 이우영(2012)을 참조할 것.

16) 사실, 사회주의 국가에서의 정상들의 '부인 동반'은 찾아보기 어렵다. 일부 자본주의 국가와의 외교 시에 부인을 대동하기는 하지만, 일반적으로 사회주의 국가에서는 부부 동반의 외교 행보는 찾아보기 힘들다. 특히, 북한의 경우, 김일성-김정일 모두 부인의 모습을 공식적으로 등장시키지 않는 상황에서 부인의 등장 및 동행 등은 상상하기 어려웠을 것이다. 다만, 초기 김일성의 경우, 잠시 김성애와의 동행의 모습을 보이기도 하였다. 또한, 1994년 카터 전 미 대통령의 방북시 김성애와 동행하기도 하였다. 이러한 모습 역시 북한의 주민들에게 '새로운 시대'를 알리는 상징이었을 것이다.

한 사회에 일종의 충격이었을 것으로 추측된다. 그러나 다른 한편으로
이미 외부 세계의 일정한 문화적 충격을 경험한 북한 주민들에게 세대
에 따라 다른 의미로 다가섰을 것이다. 즉, 오랜 세대는 이러한 문화적
충격이 더욱 컸을 것이고, 젊은 세대의 경우 오히려 이러한 정치문화의
변화를 자연스럽게 수용했을 가능성이 높았을 것이다. 특히, 그 동안
금기시되었던 최고지도자의 부인이 팔짱을 끼도 세련된 패션을 자랑하
며 등장한 것은 문화적 개방과 동시에 사회문화적으로 다른 시대를 상
징하고 있는 것으로 해석되었을 가능성이 높다. 결국 문화적 개방성이
강화되는 것이자 동시에 세계화의 추세에 대한 나름대로의 대응으로
할 수 있을 것이다.[17] 이러한 모습은 1990년대 이후의 시장화, 개방화
그리고 외부의 문화적 영향 등에 따라 북한 역시 내부에서의 일정한 변
화를 수용하고 있는 것이라 할 수 있다.

김정은 시대에 들어와 보이는 변화는 형식과 내용에 있어서 파격적
이다. 그렇지만, 다른 한편으로는 이미 변화된 현실의 기반 위에서 이
루어지고 있을 가능성이 높다. 즉, 〈모란봉 악단〉의 파격적인 공연 문
화는 위로부터의 변화로 볼 수 있지만, 오랫동안의 아래에서의 변화를
반영하고 있는 것이라 할 수 있다. 〈모란봉 악단〉의 공연에서 보인 미
키 마우스의 등장이라든지, 외국 곡들의 연주 등은 한편으로는 파격이
라 볼 수 있지만, 이미 중국산 제품의 수입과 시장에서의 유통, 외부 정
보의 유입 등으로 주민들에게 이미 인지되고 있을 가능성이 높은 것이
다.[18] 〈모란봉 악단〉과 함께 등장한 〈청봉 악단〉은 〈모란봉 악단〉과는

[17] 이와 관련 주목되는 것은 최근 몇 년간 북한이 문화공연을 통한 대외관계를
부쩍 강조하고 있다는 점이다. 대표적으로 2008년 '뉴욕필'의 평양공연, 〈꽃과
는 처녀〉의 중국 순회 공연, 중국 가극 〈홍루몽〉의 재창작과 국내 및 중국 순
회공연, 러시아 가극의 재창작 등을 들 수 있다(전영선, 2012: 16).
[18] 미키 마우스 등의 캐릭터는 현재 북한의 장난감 가게(공식 판매대) 등에서 판매
가 되고 있다.

또 다른 분위기를 연출하고 있다. 형식에서의 다양성을 보여주는 사례로 읽힐 수 있다. 특히 2015년 당창건 70주년 기념행사로 열린 김일성광장에서의 〈당창건1만명 기념 공연〉은 내용과 형식 두 측면에서의 파격적인 변화를 보여주고 있다.[19] 이러한 변화는 앞선 시대와 구분되는 사회적, 문화적 분위기를 반영하고 있으며, 주민들에게 새로운 시대를 알리는 효과를 가지고 있다. 이미 핸드폰 등 디지털 문화의 보급·확대와 중국 등을 통해 유입된 새로운 문화가 사실상 북한 주민들에게 광범위한 영향을 미치고 있는 상황에서 오히려 이를 체제 내화하는 효과를 가지고 있다. 다른 한편, 이러한 사회문화적 변화는 북한이 적극적으로 '현대화'의 방향으로 움직이고 있음을 보여주고 있는 것이며, '세계화'의 추세에 대한 북한식 대응이라고도 볼 수 있다. 즉, 기존의 '사회주의 민족문화'의 큰 틀이 바뀌지 않은 상황에서 '현대성'을 중심으로 한 변화를 추구하고 있는 것이라 할 것이다. 이는 김정은이 "민족 고유의 것들을 다른 나라의 것과 합쳐 좋은 것은 대담하게 받아들이며 우리의 것으로 만들어야 한다... 우리의 음악 예술을 세계적 수준에서 발전시켜야 한다"라고 언급한 데서도 찾아볼 수 있다(전영선, 2012: 20에서 재인용). 이 발언은 민족, 세계화 및 세계적 수준을 결합시키는 방향으로의 문화건설을 의미한다고 할 수 있다.

다른 한편 주목해서 보아야 할 점은 이러한 문화적 변화의 이면에 있는 이데올로기적 기획이라 할 수 있다. 특히, 김정은이 직접 모란봉 악단에 대해 평가하고 있는 것은 의미심장하다. 즉, 그는 "모란봉악단공

---

[19] 공연의 성격에 따라 지난 시기 북한을 대표하였던 예술단과 예술인들이 총출동하였고(보천보전자악단 등), 공연의 중간에 일종의 '토크쇼' 형식을 삽입하였으며, 현대무용 공연에서는 일종의 '배꼽티' 의상의 무용팀이 출연하기도 하였다. 현대 음악과 민족 음악이 적절히 배합되었고, 영상과 공연, 불꽃놀이 등 다채로운 행사가 하나의 공연 속에서 연출되었다. 한편 〈아리랑 공연〉은 2018년 다시금 재개되어 공연되고 있다.

연을 중시하는 것은 공연을 통하여 모든 부문들에서 굳어진 사고방식
과 낡은 틀을 마스고 혁신적인 창조기풍을 따라 배워 자기 사업에서 혁
신할 방도를 찾도록 하기 위해서입니다"라고 의미를 부여하고 있다는
점이다(김정은, 2013: 5). 혁신이라는 새로운 '화두'를 던지고, 이를 위한
이데올로기적 경직성을 타파할 것을 주문하고 있는 것이다. 실제, '선군
시대'를 거치면서 경직된 사회 문화적 현실은 김정은 시대를 맞이하여
새롭게 수정되어야 할 필요가 있었다. 그것은 '선군'을 계승하되, '선군'
과 일정하게 결별해야 하는 김정은 시대의 요구라고도 할 수 있다.[20]
그리고 이러한 사상적 혁신을 위해 동원한 무기로서 문화적 수단을 전
면에 내걸고 있다는 것이다. 일반적으로 문화를 단순한 예술작품 활동
으로서가 아니라 사상교양의 무기라고 한다면, 김정은 시대 이후의 모
습은 북한 사회의 사상적 혁신을 위한 최전선에 문화가 자리하고 있음
을 말해준다.

이러한 김정은의 지적은 앞으로 북한이 사회문화 분야에서 훨씬 더
개방적이고, 현대적인 방향으로의 변화를 수용하고, 적극적으로 추진할
가능성이 높다는 것을 의미한다. 현재 북한은 조선중앙TV의 현대적 탈
바꿈, 외국 영화의 소개, 디지털화된 문화의 확산 등의 모습을 보이고
있으며, 국가 정책적으로도 외부 문물과의 적극적인 교류를 장려하고
있다. 나아가 인터넷을 통한 정보의 습득과 적극적인 대응, 최근에 보
이는 국제 스포츠 경기대회의 적극적인 참여 등도 이러한 측면에서 북
한의 문화 변용을 보여주는 지점이라고 할 수 있다.[21] 김정은 시대에

---

[20] 김정은 시대의 '선군'은 계승으로서 '슬로건'화 되고 있다고 볼 수 있다. 즉, '선
군'을 계승하지만, 과거와 같은 군의 비대화 및 발언권의 확대, 군의 사회로의
침투 등을 축소하고 당 및 국가체제를 정상화하고자 하는 것이다. 문화적인
측면에서도 과거 김정일 시대에 문화적 최전선에 있었던 '조선인민군공훈국가
합창단'의 위치가 축소되고, 오히려 모란봉 악단이나 은하수 악단 등이 최전선
에 서고 있는 현상과도 연관된다.

들어와 북한은 교육 및 스포츠, 문학예술 등의 분야에서의 국제적인 기준의 수용과 변화를 동시에 경험하고 있으며, 위로부터의 적극적인 변화의 수용을 통해 그간 아래로부터의 변화를 내화하고 있다고 할 수 있다. 그리고 나아가서는 자신들의 문화가 세계 속에서 충분한 경쟁력과 실력을 갖추어 나가는 것을 목표로 하고 있는 듯이 보인다. 북한판 '문화 세계화'라 할 수 있을 것이다.22) 결국 '전통'과 '현대'의 결합이라고 할 수 있으며, '새로운 북한'의 최전선에 문화가 자리하고 있다고 할 것이다.

이런 점에서 지난 7차 당대회에서 제기한 '사회주의 문명국가' 건설을 5대 핵심과제의 하나로 제기하고 있는 점은 앞으로의 북한 문화의 변화에서 주목해야 할 지점이다. 문명강국 건설을 주장하면서, 사업총화보고서는 지난날의 문학예술이 침체에 빠져있음을 비판하고 새로운 문화건설을 독려하고 있다. 즉, 김정은은 사업총화보고에서 "문학예술부문은 아직 온 사회를 혁명열, 투쟁열로 들끓게 하고 천만심장에 불을 다는 훌륭한 문학예술작품들을 많이 내놓지 못하고 있습니다... 우리

---

21) 이런 점에서 김정은의 지적은 의미심장하다. 김정은의 2012년 4월 27일 담화를 보면, 도로 건설에 있어서 "방향표식판을 비롯하여 도로표식판들을 국제적으로 통용되는 규격대로 만들어 세워야 합니다"라고 하여 국제적인 기준을 강조하고 있고, "국토관리와 환경보호부문에도 세계적인 발전추세와 다른 나라들의 선진적이고 발전된 기술들을 받아들일 것이 많습니다... 인터네트를 통하여 세계적인 추세자료들, 다른 나라의 선진적이고 발전된 과학기술자료들을 많이 보게 하고 대표단을 다른 나라에 보내여 필요한 것들을 많이 배우고 자료도 수집해오게 하여야 합니다"라고 하여 역시 국제적인 기준과 국제사회의 교류를 강조하고 있다. 이러한 발언은 단지 기술적인 측면에서가 아니라 앞서 모란봉 악단에서 제기하였던 '경직된 틀'에서의 해방과 동시에 현대화-세계화의 추세에 합류할 것으로 요구하는 것으로 해석할 수 있다(김정은, 2012a).
22) 이와 관련하여 '문화'라는 포괄적인 범위에서 논의할 수 있는 것으로 과학분야에서의 '최첨단 돌파!'의 구호, 대학 교육에서의 혁신과 세계적인 수준의 대학 건설, 체육 강국 건설 등은 모두 세계적인 경쟁력을 갖춘 문화 건설을 목표로 하고 있다고 할 수 있다.

문학예술의 근본사명은 전체 인민에게 당의 사상과 의도를 심어주고 대중을 불러일으켜 주체혁명위업을 추동해나가는 것입니다"라고 하면서 분발을 촉구하고 있는 것이다(김정은, 2016). 이는 1990년대 이후, 북한 체제의 위기 속에서 문학예술분야 역시 침체기를 겪었으며, 이에 따라 새로운 요구에 맞게 문학예술분야가 혁신해야 함을 의미한다.[23] 그러나 그를 위해서는 문화예술인들에게 단지 분발만을 촉구한 것이 아니라, 사회 전체의 변화 그리고 국제사회의 교류 등을 통해 현대화된 문화를 건설해야 함을 지적하고 있는 것으로 보인다. 실제로 북한은 문학예술작품 창작만이 아니라 전체 사회의 변화 즉, 교육체계의 변화, 체육의 변화, 문화적 상품 생산의 변화 등을 추진하고 있고, 이를 앞으로도 강조할 것으로 예상된다. 이렇게 본다면, 현재 북한은 '민족'과 '민족주의'의 이론적 변화에서 그치는 것이 아니라, 지금까지 '사회주의 민족문화'의 틀을 변화시켜 여기에 '현대'와 '현대성'의 옷을 입히고 있는 과정이라 할 것이다.

5. 나가며

김정은 시대 북한의 문화는 '파격'과 '혁신'의 모습으로 등장하였다. 파격과 혁신의 이면에는 기존의 '사회주의 민족문화'의 건설원칙에 '현대화-세계화'를 결합시키는 것으로 판단된다. 물론 이러한 변화는 과거 김일성 시대부터 일관되게 주장되어 온 원칙이라 할 수 있다. 이미 '전통'과 '현대'의 결합에 따라 민족 악기의 개량 – 현대화, 전통적인 민족

---

[23] 문명강국 건설에 대한 강조는 7차 당대회 이전부터 계속 강조되어 왔다. 2012년 4월의 담화는 '사회주의 문명국' 건설을 분명한 목표로 제기하고 있다(김정은, 2012a)

문화에 대한 사회주의적 현대화가 지속되어왔다. 그럼에도 불구하고 현재 김정은 시대에 보이는 새로운 변화는 한편으로는 제국주의의 사상 문화적 침투에 대한 대응이 놓여있으면서도 바로 그 제국주의적 문화로 해석될 수 있는 여러 가지 모습들이 혼용되어 있기 때문이다. 〈모란봉 악단〉이 보여주었던 외국 곡들의 연주와 노래, 그리고 캐릭터의 등장만이 아니라 현대적 의상 속에서 엿보이는 '세계적인 수준'이라 이름 하는 다양한 모습들이 등장하고 있기 때문이다.

오늘날 목도되고 있는 북한의 문화적 변용은 1990년대 이래의 사회적 변화를 반영하고 있는 것이자 동시에 이를 북한 당국이 위로부터 적극적으로 수용하고 있는 것이라 하겠다. 즉, 1990년대 이래의 사회적 변화를 문화적으로 반영하고 있는 것이고, 이를 북한의 공식 문화를 통해 포섭, 수용, 체제 내화하고 있는 것이다. 이러한 모습에는 김정은의 발언에서처럼 '기존의 사상적 경직성'을 풀고 '혁신'적인 사고를 독려하고자 하는 정치적 기획이 숨어있다고 할 수 있다. 김정은도 스스로 강조하였듯이 비록 '사상적 창조성-독자성'을 부정하고 있지만, 주어진 주체-선군의 틀 속에서도 '혁신'을 통해 '새로운 북한'을 만들어내고자 하는 것으로 보인다. 이 과정에서 사실상 선군은 '슬로건'화 되고 실제로는 현대화-세계화된 문화적 변용을 추진하고 있다.

문제는 이러한 북한의 문화적 변용 혹은 위로부터의 전략이 지속적으로 유입되는 문화적 충격과 정보의 유입 속에서 얼마나 효과를 발휘할 것인가이다. 아직은 이에 대해서는 분명한 답을 내리기 어렵다. 다만, 김정은 시대에 들어와 보여주고 있는 모습은 정치-사상의 영역을 제외하면 거의 대부분의 사회 영역에서의 '혁신'이며, 문화적인 부분에서 가장 뚜렷하게 드러나고 있다는 점이다. 그리고 이런 변화 속에서도 '사회주의 민족문화'라는 문화건설의 원칙 - 주체문화의 건설 - 과 이를 '현대성'의 요구와 결합시키는 주체의 원칙을 포기하지 않고 있다. 이러한 변화가 지속된다면, 앞으로 우리는 북한의 새로운 '문화'적 현상을 목도할 수 있을 것으로 생각된다. 그 모습은 바로 민족과 세계 그리고 현대성이 모자이크된 '새로운 문화'의 모습이 될 것이다.

참고문헌

과학백과사전출판사, 『현대조선말사전 1』(평양: 과학백과사전출판사), 2004.

국가안전기획부, 『북한의 '민족주의' 선전 자료집』(서울: 국가안전기획부), 1995.

김광일, "계급의식은 사회주의수호정신의 핵," 『철학연구』 2호, 2008.

김일성, "모든 것을 전후 인민경제 복구 발전을 위하여(1953.8.5)," 『김일성저작집 8권』(평양: 조선로동당출판사), 1980.

김일성, "사회주의 진영의 통일과 국제공산주의운동의 새로운 단계(1957.12.5)," 『김일성저작집 11권』(평양: 조선로동당출판사), 1981.

김일성, "현 정세와 우리 당의 과업(1966.10.5)," 『김일성저작집 20권』(평양: 조선로동당출판사), 1982.

김정은, 〈김일성 탄생 100주년 기념 열병식 연설〉(2012년 4월 15일), 2012.

김정은, "사회주의강성국가건설의 요구에 맞게 국토관리사업에서 혁명적 전환을 가져올데 대하여(2012.4.27)," 『조선중앙통신』 2012년 5월 8일, 2012a.

김정은, "김정일애국주의를 구현하여 부강조국건설을 다그치자(2012.7.26)," 『조선중앙통신』, 2012년 8월 3일.

김정은, "우리의 사회과학은 온 사회의 김일성-김정일주의화 위업 수행에 적극 이바지하여야 한다," 『근로자』 4호, 2013.

김정은, 〈제7차 당대회 사업총화보고〉(2016년 5월 6-7일).

김정일, "사회주의는 과학이다(1994.11.1)," 『김정일선집 13권』(평양: 조선로동당출판사), 1998.

김정일, "혁명과 건설에서 주체성과 민족성을 고수할 데 대하여(1997.6.19)," 『김정일선집 14권』(평양: 조선로동당출판사), 2000.

김정일, "민족주의에 대한 올바른 리해를 가질데 대하여(2002.2.26/28)," 『김정일선집 15권』(평양: 조선로동당출판사), 2005.

김진환, "조선노동당의 집단주의 생활문화 정착 시도," 건국대 통일인문학 연구단 편, 『문화분단』(서울: 선인), 2012.

김태우, "북한의 스탈린 민족이론 수용과 이탈과정," 『역사와 현실』 제44호, 2002.

박승덕, 『사회문화 문화건설 리론(주체사상총서 8권)』(평양: 사회과학출판사), 1985.

박호성, 『남북한 민족주의 비교연구』(서울: 당대), 1997.

송낙원, "해방 후 남북한 영화 형성기(1945-1953)," 정태수 외, 『남북한 영화사 비교연구』(서울: 국학자료원), 2007.

암스트롱, "북한문화의 탄생," 『현대북한연구』 2권 1호, 1999.

이우영, "김정은 체제 북한 사회의 과제와 변화 전망," 『통일정책연구』 21권 1호, 2012.

전미영, "세계화시대 북한의 문화수용과 문화정체성," 『김정은 시대의 문화』(파주: 한울아카데미), 2015.

전영선, "김정은 시대 북한 문화예술의 변화," 『KDI 북한경제리뷰』 10월호, 2012.

정영철, "북한의 민족·민족주의 - 민족개념의 정립과 민족주의의 재평가," 『문학과 사회』 63호, 2003.

정영철, "사회문화 교류의 순수성 신화에 대한 비판: 문화의 양가성을 중심으로," 『북한학연구』 11권 2호, 2015.

정창현, "북한의 문화유산 정책과 관리체계," 『통일인문학논총』 53집, 2015.

조현성, "북한 민족문화정책의 지속과 변화," 『2016년 제4차 통일문화정책 포럼 자료집』(서울: 한국문화관광연구원), 2016.

채광룡, "애국애족은 사회주의와 민족주의의 련합의 사상적 기초," 『철학연구』 2호, 2007.

편집부 편역, 『마르크스-레닌주의 민족이론』(서울: 나라사랑), 1980.

Chung, YoungChul, Kim, Yong-hyun, Moon, Kyongyon, "state strategy in the Kim, Jong-un era: The "Byongjin" policy of pursuing economic and nuclear development," *Korea Observer*, Vol.47, No.1, 2016.

Han, Hongkoo, "Wounded Nationalism: The Minsaengdan Incident and Kim IlSung in Eastern Manchuria,"(Ph. D. dissertation, University of Washington), 1999.

이 책에 실린 논문의 출처

■ 1장 이데올로기의 변화: 순수 이데올로기와 실천 이데올로기
정영철, "주체사상의 순수이데올로기화와 새로운 실천이데올로기의 등장,"『한국과 국제정치』31권 3호, 2015.

■ 2장 북한 화폐경제 변화 연구
Kim Ki-hun, "Studies on the North Korean Monetary Economy in the Kim Jong-Un Era," *Journal of Peace and Unification* Vol 9. No. 1, 2019.

■ 3장 북한이 보는 세계 경제: 생존과 경쟁의 공간으로
정영철, "김정은 시대 북한의 세계경제 인식의 변화: 침략과 약탈의 공간에서 생존과 경쟁의 공간으로,"『통일과평화』10집 1호, 2018.

■ 4장 북한 '병진노선'의 변화와 김정은 시대의 '경제 건설에 총력 집중' 노선
변학문, "북한의 '과학기술 강국' 구상과 '병진노선'의 변화,"『김정은 시대 북한의 변화』, 서강대학교 글로컬한국정치사상연구소 주최 학술회의 발표자료집, 2019년 3월 8일.

■ 5장 김정은 집권 이후, 북한의 군사분야 변화
김동엽, "김정은 시대, 북한의 군사분야 변화,"『경제와사회』122호, 2019.

■ 6장 김정은 시대 북한 문화의 변화: 민족주의와 세계화의 결합
정영철, "북한의 민족주의와 문화변용: 김정은 시대 북한문화의 변화,"『문화정책논총』31권 2호, 2017.